教育部人文社会科学研究项目“实践哲学新诠释：马克思实践观与杜威行动观之多维比较研究”（项目编号：13YJC720019）

湖南省社科基金项目“马克思哲学与杜威哲学的价值概念比较研究”（项目编号：15YBA027）

本书获得长沙学院优秀学术著作出版资助

“改变世界”的不同向度

马克思实践观与杜威行动观比较研究

蒋晓东 著

中国社会科学出版社

图书在版编目(CIP)数据

“改变世界”的不同向度：马克思实践观与杜威行动观比较研究/蒋晓东著.—北京：中国社会科学出版社，2017.11

ISBN 978-7-5203-1355-1

Ⅰ.①改… Ⅱ.①蒋… Ⅲ.①马克思主义哲学—对比研究—杜威(Dewey，John 1859-1952)—哲学 Ⅳ.①B0-0②B712.51

中国版本图书馆CIP数据核字(2017)第273306号

出 版 人 赵剑英
选题策划 刘 艳
责任编辑 刘 艳
责任校对 陈 晨
责任印制 戴 宽

出 版 中国社会科学出版社
社 址 北京鼓楼西大街甲158号
邮 编 100720
网 址 http://www.csspw.cn
发 行 部 010-84083685
门 市 部 010-84029450
经 销 新华书店及其他书店

印 刷 北京明恒达印务有限公司
装 订 廊坊市广阳区广增装订厂
版 次 2017年11月第1版
印 次 2017年11月第1次印刷

开 本 710×1000 1/16
印 张 13
插 页 2
字 数 205千字
定 价 58.00元

前　言

任何真正的哲学都是自己"时代精神的精华"。自觉地把握时代主题，不断实现理论创新，是马克思主义哲学的重要理论品格。马克思主义是时代的产物，是社会历史发展的必然结果。马克思主义的诞生是人类思想史上的一个重要里程碑。160多年以来，它不仅深刻地影响着人类思想发展的进程，而且极大地改变了人类历史的进程和人类自身的命运。然而，随着时代的进步和发展，人类的认识和实践向马克思主义提出了许多新的问题与挑战。时代的变迁在对马克思主义本身提出了新的要求的同时也赋予了马克思主义理论工作者新的责任和历史使命。"回到马克思""重读马克思"是国内学界面临挑战所作出的有力回应。虽然在"回到马克思"与"重读马克思"之间还存在着不小的分歧，但是，重新解读马克思本人文本、返本开新，已经成为学术界的共识。在新的时代背景下，以文本解读为基础，将马克思哲学置于西方哲学传统的源流中、与西方哲学进行对话已经成为21世纪国内马克思主义研究最为鲜亮的特色之一。

与西方哲学对话是阐释马克思哲学历史语境并反思我国现代化问题的必要环节，也是马克思哲学禀赋当代性和世界性、实现马克思主义哲学研究创新的重要途径。从20世纪末期开始，这种对话研究在学术界如火如荼地开展起来。一方面，重新梳理马克思哲学与黑格尔哲学、康德哲学以及近代人道主义哲学之间的关系问题成为学界关注的重要课题；另一方面，将马克思哲学与海德格尔哲学、维特根斯坦哲学等马克思以后的现代西方哲学进行比较研究成为国内马克思哲学研究的一个重要理论生长点。在马克思哲学与西方哲学的对话研究中，研究者注重了研究路径的自觉性与开放性之间的平衡，取得了丰富的理论成果。比如，在与海德格尔哲学的比较研究中，既对海德格尔的唯心主义哲学进行了重新审视和批判，又发掘了马克思的哲学遗产，揭示出马克思哲学的生存论意义，并且将生存论哲学与马克思关于现实生活和实践的观点结合起来，具有重要的理论价值和实践意义。杜威与海德格尔、维特根斯坦被誉为20世纪三大哲学家（理查德·罗蒂语），但相对于马克思哲学与海德格尔哲学、维特根斯坦哲学的对话研究来说，关于杜威哲学与马克思哲学的比较和对话在国内学界还显得比较欠缺。

“哲学家们只是用不同的方式解释世界，问题在于改变世界”。从“解释世界”到“改变世界”，马克思的实践唯物主义要求哲学必须放弃对于自在物质或纯粹精神世界的追求转而回归人的现实生活，实现了从近代理论哲学到现代实践哲学的深刻变革。马克思之后，“许多现代西方哲学家各以某种含混、片面的形式在不同程度上体现了这种特点”，“杜威在这一点上则表现得更为突出”。杜威指出，生活在充满风险的世界中的人们寻求安全的基本途径有两种：一种是“在感情和观念上改变自我的方法”；另一种是“通过行动改变世界的方法”。前一种方法只能求得观念上的完全确定性，后一种方法才能真正获得实际的效果。因此，杜威主张哲学必须放弃对于绝对理论知识的寻求，转而关注“人的问题”、关注人的生活世界。杜威认为，哲学的根本价值在于指导行动并通过行动改变“有问题的境遇”，帮助人们解决生活中的实际问题。并且，杜威一直践行着“改变世界”的实践哲学理念，他通过对现实生活的密切关注，把强调行动与实效的实用主义思想推广到了美国社会文化生活的各个方面。为此，美国著名的历史学家亨利·斯蒂尔康马杰博士在他的名著《美国精神》中对杜威作出了如下评价：“杜威如此忠实地实践了他自己的哲学信念，因而成为美国人民的领路人、导师和良心。可以毫不夸张地说，整整一代人都是因杜威而得以启蒙的。”英国著名哲学家罗素对杜威也给予了极高的评价，尽管他曾经就真理观问题与杜威进行过激烈的争论。他说：“约翰·杜威生于1859年，被普遍认为是美国当代最重要的哲学家。对此评价，我完全赞同。”由于对现实问题的密切关注，使得杜威的实用主义哲学在美国之外的其他国家也得到了广泛传播，并产生了深远的影响。由此可见，彰显实践与行动，反对脱离实际的形而上学思辨，要求变革传统哲学使哲学关注人的现实生活，致力于“改变世界”，杜威哲学与马克思哲学共同分享着实践哲学的基本立场。

基于此，本书坚持马克思主义的基本立场，遵循历史与逻辑相统一的原则，采用文献分析法、诠释学方法、知识社会学方法等研究方法，把马克思哲学与杜威哲学置于西方哲学发展的语境中，在从“解释世界”的传统哲学到“改变世界”的现代哲学变革的大背景下，从本体论、认识论、价值论等不同视角对马克思哲学与杜威哲学的“实践和行动”范畴进行多维度的比较分析，力求全面客观地评价杜威的行动哲学，并就未来马克思主义实践哲学研究的深化和创新提出新的思路和建议。

具体来说，本书在国内外学者相关研究的基础上，主要在以下方面进行了一些新的探索和思考：

第一，首次明确地将马克思哲学与杜威哲学共同关注的“实践与行动问题”进行具体、全面、系统的比较分析，而不是抽象地谈论马克思主义哲学与实用主义哲学之间的统一或者根本区别。国内学界往往注重于马克思主义与实用主义两种思想派别的比较研究，而对于马克思哲学与杜威哲学尤其两种哲学在实践和行动范畴方面的比较研究还较为欠缺。本书以文本解读为基础，对马克思实践观与杜威行动观进行系统的多维度比较分析，力求全面地揭示两者之间的内在联系与区别。

第二，从本体论视角对马克思哲学与杜威哲学的实践和行动概念进行分析和解读。尽管马克思与杜威都是在现实生活的层面来谈论实践与行动的本质。但在马克思哲学中，实践是人类改造现实世界的对象化活动，是合规律性与合目的性的统一，马克思从生产劳动这一最基本的社会实践活动出发，揭示出人类社会实践活动的总体运行机制以及人类社会发展的基本规律。杜威从具体的经验情境出发，把人的实践解释为有机体应付环境的行为和工具，把科学实验探究视为人类行动的基本模式。正是由于对实践与行动概念的不同理解，导致了马克思哲学与杜威哲学在理论上的一系列分歧。

第三，从认识论视阈重新审视马克思实践观与杜威行动观之间的关系，澄清国内外学者在认识论方面对于马克思哲学与杜威哲学之间关系的曲解与误读。在许多学者看来，由于都承认实践对于知识的产生和验证所具有的重要意义，因此，实践标准不仅是马克思哲学认识论的基本原则，对于杜威的实用主义来说，同样如此。重新审视两种哲学认识论我们发现，马克思哲学与杜威哲学突破了传统理论哲学的束缚，都把实践或行动视为认识论的基础，主张通过实践或行动来理解知识和真理，来揭示从实践到认识再到实践的人的认识发展过程。但是在马克思那里，知识是在实践中对客观事物的能动反映，人的认识是从感性认识飞跃到理性认识再回到实践的辩证发展过程，而在杜威那里，知识是个体行动中的建构，知识的进步和发展是一个类似于进化论中有机体生长的连续的进化过程。在知识或真理的验证上，虽然都强调以实践或行动来检验真理，但马克思主张“人应该在实践中证明自己思维的真理性”，而杜威实质上是以价值评判而非实践验证作为判断知识真伪的根本途径，因为他坚持人的行动必须以价值评价为中心。

第四，从价值论视角对马克思实践观与杜威行动观进行比较分析，突破以往相关研究的认识论框架的局限，为马克思主义哲学价值论研究提供了新的理论生长点。近年来，学界逐渐突破了马克思哲学认识论框架的束缚，在生存论、价值论等更加开阔的视野下对马克思实践观进行了较为深入的研究。但是，关于马克思实践观与杜威行动观的比较研究仍然局限于认识论范畴，关注的重点依然是实践与认识、实践与真理等一系列认识论问题。事实上，与马克思的实践哲学变革相类似，杜威把行动与实践的观点引入到哲学中，引起了哲学本体论、认识论、价值论等各个方面的一系列变革。马克思哲学与杜威哲学从实践或行动出发来解说价值的本质，以实践或行动的观点颠覆传统哲学价值领域的基本教条。但是，在价值的本质问题上，马克思把价值看作是社会实践活动创造的结果，而杜威则认为价值产生于个人效用的评价；在事实与价值的关系问题上，马克思哲学从现实的实践活动出发指出了事实与价值的对立统一关系，而杜威哲学的评价理论片面地认为价值判断也是事实判断，消解了事实与价值的本质区别；在关于实践自身的价值问题上，马克思哲学强调实践是人的存在方式、是目的与手段的统一，而杜威哲学认为行动只是人们解决生活问题的手段和工具。

第五，从西方传统理论哲学向现代实践哲学变革的视角下，在西方哲学发展的语境中，对马克思的哲学革命与杜威的哲学改造进行总体的比较分析和评价。马克思的哲学变革颠覆了西方理论哲学传统，使哲学的主题以及思维方式等都发生了根本性变化，实现了现代西方哲学的实践转向，实现了哲学史上真正的“哥白尼式的革命”。杜威哲学强调行动与实践，反对一切脱离实际的形而上学思辨，要求改造传统哲学以关注人的现实生活，因此而与马克思哲学共同分享着实践哲学的基本立场，但由于对实践与行动的本质的理解缺乏科学性，使得杜威哲学颠覆形而上学的革命任务并没有能完成，也未能超越马克思哲学在哲学史上所实现的哲学变革。

目　录

绪　论

20世纪初，由马克思恩格斯创立的马克思主义哲学和以杜威为代表的实用主义哲学几乎同时传入中国。由于杜威本人在中国长达两年多的讲学，以及对中国当时社会现实的密切关注，杜威的实用主义哲学成为除马克思主义哲学之外对中国当时社会文化生活影响最为深远的西方文化思潮。也正是由于超越纯粹思辨领域关注现实生活和实践的根本特征，使得杜威的实用主义哲学更多地卷入到中国社会的政治和文化冲突之中。在传入中国之后的百年历程中，杜威的实用主义哲学与马克思主义哲学长期处于激烈的争论和交锋状态。一方面，杜威的实用主义哲学受到马克思主义哲学的激烈批判；另一方面，在这种涉及现实问题的批判中，杜威哲学又影响着中国的政治、社会、教育、文化等诸多领域。因此，“关于杜威的实用主义和马克思主义的关系问题是一个值得从各种不同角度和层面上来研究的重要问题”①。从实践哲学的视角，重新审视马克思哲学与杜威哲学的关系，不仅对全面、准确地认识实用主义具有重要意义，对丰富和发展马克思主义理论也具有积极意义。

一　马克思哲学实践范畴研究的多重维度

实践概念是马克思哲学的核心范畴，在马克思哲学中具有基础地位，一直为理论界所重视。改革开放以来，国内关于马克思哲学实践

---

① 刘放桐：《再论重新评价实用主义——兼论杜威哲学与马克思哲学的同一和差异》，《天津社会科学》2014年第2期。

概念的研究表现得尤为活跃，尤其是进入21世纪以后，在“回到马克思”[①]“重读马克思”[②]等呼声的影响下，重新解读马克思本人文本、返本开新，对马克思哲学实践概念进行新的解读和诠释，成为国内马克思主义哲学研究最为鲜明的特征。研究者从不同的视阈出发，依据马克思的经典文本，对马克思哲学的实践范畴进行了深入解读，形成了许多颇具价值的理论成果。马克思哲学实践范畴的认识论、本体论（生存论）、价值论等多重意蕴得以发掘和彰显。

1. 马克思实践范畴认识论属性的研究与反思

“实践是检验真理的唯一标准”的大讨论，重新引发了学界对于马克思主义哲学实践范畴的关注和思考，进一步丰富和发展了马克思哲学的实践观。从总体上看，学界对马克思主义哲学实践观的阐释主要还是基于传统的教科书模式，关于马克思实践范畴的理解主要局限于认识论的框架以内。在这种传统解读模式中，实践仅仅被看成是一个认识论的范畴。在认识论的范畴中，实践构成了人类认识的基础和核心，它既是人类认识活动的发源地和发展的持续不断的推动力量，也是人类认识活动的目的和认识成果检验的标准。但是，把实践概念局限于认识论范畴，无疑低估了实践在马克思哲学中的地位和作用。因此，这种解读模式的局限性和片面性从20世纪80年代中后期开始，遭到了学界的普遍质疑和批判。

学者们纷纷指出，传统认识论理解模式将马克思主义哲学体系分解为辩证唯物主义和历史唯物主义，关于马克思主义哲学认识论问题的讨论主要是在辩证唯物主义的框架之内进行的。这种理解模式导致了认识论与作为人类认识基础的社会存在之间两相分离，在本质上是一种“无根的认识论”。在这种抽象的认识论维度中，实践概念由于主要只关涉人与自然的关系，而遮蔽了人与人的关系，实践概念的本真意义和丰富的内涵也就这样被遮蔽起来。[③] 在他们看来，这种关于

---

① 张一兵：《马克思哲学的当代阐释——“回到马克思”的原初理论语境》，《中国社会科学》2001年第3期。

② 何中华：《“重读马克思”：可能性及其限度》，《山东社会科学》2004年第11期。

③ 俞吾金：《对马克思实践观的当代反思——从抽象认识论到生存论本体论》，《哲学动态》2003年第6期。

实践概念的过于狭窄的解读模式，在理论上造成了诸多较为严重的后果：第一，忽视了实践范畴在历史观和伦理学层面的意义，割裂了马克思主义认识论、历史观和伦理学三者之间的内在联系；第二，遮蔽了马克思主义哲学实践变革的重要地位和意义；第三，造成了对整个马克思哲学实践观的片面理解。而造成这种过于狭窄的认识论解读模式产生的主要原因有：近代西方的认识论传统的影响、列宁实践观的影响、中国革命实践的影响、与经验主义和教条主义错误思想作斗争的影响等。[①]

对于认识论解读模式的反思，并不意味着对实践的认识论意义的否定和忽视，而是旨在进一步推动马克思哲学实践范畴和认识论研究的不断深入。无论怎样，毕竟人的实践活动是以人对世界及其自身的实践的认识为基础的，认识论依然是理解马克思哲学及其实践范畴的一个重要维度。并且，一些重要问题仍然需要我们作进一步的深入研究和思考，比如，在实践与认识的关系上，两者究竟是怎样一种复杂的、多层次的关联，应当如何理解？这些都需要对实践的目的，如何选择实践手段等进行分解性研究，从而实现从个体主义生成论视角揭示出实践与认识关系的内在微观机制；作为检验真理的唯一标准的“实践”到底是哪种意义上的“实践”，是“个体的感性经验”还是“人类总体的社会实践”，如何才能使马克思主义同实用主义等经验主义彻底划清界限？

2. 马克思哲学实践范畴本体论属性的解读与争鸣

马克思所开启的哲学革命是否具有本体论意义，马克思的哲学实践概念是否具有本体论意义，应当如何界定马克思哲学的本体论？这是每一位马克思主义研究者都必须面对的问题，也是学术界一直争论的焦点问题。开始于20世纪80年代中后期的关于“实践唯物主义”的讨论使得“实践”概念从传统马克思主义哲学教科书模式的认识论中溢出，重新成为整个马克思哲学的核心范畴，对我国马克思主义研究产生了重大而深远的历史性影响。

在这场学术大讨论中，以王于、陈郎、陈志良为代表的学者指

---

① 顾红亮：《实践概念的多重含义及其理解偏差》，《江汉论坛》2005年第9期。

出，马克思哲学是“实践唯物主义”、是实践本体论，实践是马克思哲学的逻辑起点，是整个人类世界、整个感性世界的基础、本质和人类一切新的关系“由此产生”的源泉。[①] 而以高清海为代表的另一些学者提出了不同看法。他们认为，马克思哲学的变革体现在实践的思维方式的转变，不宜把马克思哲学归结为实践本体论，因为以本体表征实践，实践本身就被限定为一种具体活动、一种具体关系、一个具体事实，而使它失去了看待一切事物和问题的新观点、新视角、新视野的方法论意义。应当说，马克思实践观的意义主要在于“哲学思维方式”的变革，而不在于“本体形态”的转变，否则，就缩小或贬低了实践的地位和意义。[②] 这场讨论一直持续到现在，迄今都未能达成共识。反对实践本体论的学者坚持认为，马克思从来都不关心“重建本体论”或“本体论转向”，从来不谈没有实践意义的问题[③]，将马克思哲学理解为一种本体论甚至是实践本体论是不妥的[④]。因此，必须消除实践的本体论倾向，必须要让“实践”概念回归到“现实的生活世界”[⑤]。对此，坚持实践本体论观点的研究者认为，作为“人的现实的感性活动”的实践概念是马克思实践哲学有别于以往任何哲学的理论出发点，从而成为一个本体论范畴。“在这个意义上，马克思的实践哲学就是一种实践本体论”[⑥]。

随着讨论的不断深入，争论的焦点从“马克思哲学有没有本体论”的问题转移到了“马克思哲学的本体是什么”问题上来。研究者从生存本体论、社会存在论等不同角度进一步阐发了马克思哲学实践概念的深刻内涵。朱立元认为，实践是马克思实践唯物主义的存在论根基。从存在论的视角来看，马克思实践概念的核心内涵是：“人

① 王于、陈郎：《“实践本体论”及其革命意义》，《哲学动态》1988 年第 3 期；王于等：《我们时代的哲学旗帜——实践唯物主义》，《江海学刊》1989 年第 2 期。

② 高清海：《再论实践观点的超越性本质》，《哲学动态》1989 年第 1 期；高清海：《马克思对“本体思维方式”的历史性变革》，《现代哲学》2002 年第 2 期。

③ 张汝伦：《马克思的哲学观和“哲学的终结”》，《中国社会科学》2003 年第 4 期。

④ 赵凯荣、张剑伟：《劳动价值论与马克思主义实践本体论问题》，《哲学动态》2008 年第 2 期。

⑤ 王南湜、谢永康：《实践概念与马克思主义哲学的创新》，《吉林大学社会科学学报》2004 年第 9 期。

⑥ 阎孟伟：《马克思的实践哲学及其理论形态》，《哲学研究》2012 年第 3 期。

的感性活动”和“人的现实生活过程”[①]。邹诗鹏指出马克思哲学是一种实践生存论，不应把实践简单地理解为一种主体面对世界的征服和改造功能，似乎实践观只是强调对自然客体的对立和占有；而应当确立一种生存论立场和实践意识的伦理学价值[②]。俞吾金认为，马克思实践概念的基础性的、根本性的维度是本体论维度。但是，马克思所坚持的本体论是对旧唯物主义者的抽象的物质本体论的扬弃，是一种生存论的本体论[③]。贺来认为，从“生存论本体论”来阐发马克思哲学的实践概念，实际上包含了密不可分的两层基本含义：第一，由于实践观点把实践活动理解为人本原性、基础性的生存本性和生存方式，就此而言，实践观点具有鲜明的“本体论”意义；第二，由于实践观点以现实的人的生命活动作为人的存在的基本规定并由此超越了传统的知性化实体本体论，因此，它又具有鲜明的“生存论”性质。[④]

从这场旷日持久的学术大讨论来看，关于马克思哲学实践概念的本体论研究面临着两个主要问题：一是部分学者对马克思哲学的本体论的合法性提出质疑；二是对马克思哲学的本体是什么尚未达成比较一致的认识，出现了生存本体论、实践本体论、生活本体论、社会存在本体论等多种不同解读模式，从而导致对马克思实践概念的本体内涵的理解歧见迭出。由此可见，需要我们继续坚持文本解读的研究范式，依据马克思经典文本，探讨更为本真的马克思哲学的本体。我们认为，必须首先肯定马克思哲学具有自己的本体，否则就不能正确地理解马克思实践概念的认识论属性和价值论意蕴，也就否认了马克思哲学的理论出发点和逻辑起点。

3. 马克思哲学实践范畴价值论属性的发掘与探索

进入21世纪以后，随着存在论、生存论研究的深入，马克思实

---

① 朱立元：《试论马克思实践唯物主义的存在论根基》，《复旦学报》（社会科学版）2010年第1期。

② 邹诗鹏：《走向实践观的深层》，《哲学动态》1996年第3期。

③ 俞吾金：《本体论视野中的当代中国马克思主义哲学》，《复旦学报》（社会科学版）2006年第5期。

④ 贺来：《实践与人的现实生命——对“生存论本体论”的一点辩护》，《学术研究》2004年第11期。

践概念的价值维度得以彰显，学界开始纷纷从价值论的视角来解读马克思的实践范畴。

高飞乐认为，马克思进行哲学变革的一个最根本的特点，是赋予人类社会实践以极其重要的价值意义。① 徐长福认为，马克思所说的实践首先是一个价值概念，并且是一个表达世界的价值本质和人的终极价值的概念，可称之为价值本体。马克思提出实践概念，首要的目的不是要用实践去说明世界是什么样子，也不是要急于告诉人们怎样认识和改造世界，而是要用实践去说明世界应当如何或人应当把什么当作终极价值。② 任嵦认为，马克思把实践活动提升到人基本的生存方式与人生存发展的基础这一高度，强调只有实践的能动的人才是真实存在着的人，整个人类社会生活就是由个人的能动的实践活动汇聚而成，社会生活就是社会实践，并明确提出要把建立“以每个人的全面而自由的发展为基本原则的社会形式”作为人文关怀的终极目标。在马克思看来，实践活动熔铸了活动主体自身的价值理想与需求，实践的自由性意味着人类可以按照自身的价值追求和需要，在能动地改造世界的活动中最大限度地发挥和展开人的自主、自由和创造性。人的自由与解放就存在于人的现实的实践活动中，它表现出实践观的价值维度。③ 王仕民认为，改变世界是马克思哲学的显著特征和主题，作为改变世界的实践绝不是一种思辨的虚构，也不是孤立个人的某种活动，而是具有深广内容和明确价值取向的人类实践，它的最高形式是以“现实的普遍利益”为立足点的无产阶级实践。这样一种实践是人类改变世界、改变自身、实现人的解放和全面发展的历程；这一历程是历史观、价值观不断统一的过程，这正是马克思实践观的深刻内涵。④ 贾英健从生存论维度出发拓展了对实践观的理解。他认为，马克思的实践概念表现为人与人之间的交往实践，从深层看，交往内在地根源于主体自我满足能力的有限性和主体间需要的共通性。这种共通性意味着各主体间对共同利益的关注，揭示了交往实践深蕴的公

① 高飞乐：《马克思实践学说的价值论意蕴》，《东南学术》2000 年第 2 期。

② 徐长福：《马克思的实践首先是一个价值本体概念》，《哲学动态》2003 年第6 期。

③ 任嵦：《马克思实践观的人文意蕴》，《哲学动态》2005 年第 8 期。

④ 王仕民：《简论马克思的实践范畴》，《哲学研究》2008 年第 7 期。

共性主旨，反映了人们的一种公共性价值。马克思通过对社会现实的批判发现了现实生活世界的非公共性，因而为人们确立了共产主义的公共理想，并且也将这种理想看作是一种共产主义的公共实践运动，它是由无产阶级历史主体所担当、以改变现实世界为公共历史使命、以谋求人类最终解放为公共价值追求。[①] 周东启通过对于哲学史上各个时期的实践概念考察之后指出，实践概念包含有道德内核，实践是对至善的价值追求，“这在马克思那里并没有被削弱，而是被强化了”[②]。冯周卓提出，不能仅仅对马克思实践概念片面地进行工具主义解读，而必须对其进行价值上的考量，马克思哲学的实践概念主要内容是人的社会活动，但其终极目的是人类整体的幸福。[③]

从价值论方面的研究来看，马克思哲学的实践既是一种现实的活动，又是一种价值追求，是一种把现实引向理想的活动。由此可见，揭示马克思哲学实践范畴的价值内涵，是理解马克思实践观的又一重要维度，它蕴含着整个马克思哲学的人文主义价值诉求，因而也是马克思实践观与实用主义等经验主义实践观区别开来的重要标志。如果忽视实践的价值维度，就容易把实践等同于类似于动物活动的消极地适应环境的活动，把实践理解为社会历史的自然生成活动和过程，甚至会在经验主义的经验概念的意义上使用“实践”概念，从而将实践看成获得认识的纯粹技术性活动。从理论研究的状况来看，国内对于马克思哲学实践范畴的价值论维度的研究才刚起步。但是，从我国的社会发展来看，人的物质生活水平不断提高的同时精神方面的问题也日益增多，需要我们以实践的观点去研究人的价值与意义问题，因此，现实要求我们在价值论层面对实践的内涵与功能等问题进行更加深入的探讨。

二 杜威哲学在中国传播和研究的曲折历程

20 世纪初，西学东渐出现了引人注目的繁荣景象，美国实用主

① 贾英健：《马克思实践哲学的变革进路及价值特质》，《广东社会科学》2008 年第 6 期。
② 周东启：《实践概念的分立与统一》，《马克思主义与现实》2011 年第 1 期。
③ 冯周卓：《马克思实践哲学的若干问题辨析》，《马克思主义与现实》2012 年第 2 期。

义哲学在中国迅速形成传播高潮是这种繁荣景象的一个主要体现。五四运动前夕，杜威在中国长达两年的讲学，标志着实用主义在中国的传播进入高潮。[①] 杜威的实用主义哲学自传入中国后，国内学者对杜威的哲学思想进行了广泛的传播和研究，对中国社会的各个方面产生了深刻而复杂的影响。杜威哲学在中国的传播和研究经历了近一个世纪的曲折历程，这一曲折历程大致可以分为三个阶段。

第一个阶段，“五四”时期至20世纪40年代末。前期以介绍为主，后期则评述居多。1919年4月，胡适在《新青年》发表了《实验主义》一文，最早对杜威的实用主义哲学进行了比较系统全面的介绍。[②] 此后，人们从各个不同的角度对杜威的哲学思想进行了介绍和传播。在20世纪30年代，杜威的一些主要论文和著作，如《哲学的改造》等，得以翻译和出版。总体上看，在这个阶段，对于杜威实用主义哲学的评析既有肯定也有批判。比如，瞿秋白对于杜威的社会改良主义以及否认理论的确定价值等方面进行严厉的批判，但是对于杜威哲学注重现实生活的实践特性给予了肯定的评价[③]，瞿菊农在《现代哲学思潮纲要》中指出，杜威的实用主义哲学有破坏也有建设，如果能够补充不足，也不失为一种“行得通的生活哲学”[④]。

第二个阶段，新中国成立至70年代末，是对杜威实用主义哲学全盘否定的阶段。新中国成立以后，马克思主义哲学逐渐成为占统治地位的新世界观，对于杜威哲学的态度主要受苏联思想界的影响。在社会主义和资本主义两大阵营对立的时代背景下，苏联思想界普遍认为，“杜威的哲学是战争和法西斯主义的哲学，杜威本人是当代帝国主义的代言人，美帝国主义的思想家，是苏联、所有民主主义的国家和马克思列宁主义革命理论狂热的敌人”[⑤]。在这种思潮的支配下，中国哲学界对杜威的实用主义哲学采取了全盘否定的态度，这种全盘

---

① 杨寿堪、王成兵：《实用主义在中国的历史命运》，《江苏行政学院学报》2002年第4期。

② 胡适：《胡适文存》第1集，黄山书社1996年版，第213—239页。

③ 瞿秋白：《瞿秋白文集·政治理论编》第2卷，人民出版社1988年版，第626页。

④ 瞿菊农：《现代哲学思潮纲要》，中华书局1934年版，第145页。

⑤ 李申申、王凤英：《大起大落的命运：杜威在俄罗斯》，新华出版社2007年版，第209页。

否定的“批判”在五六十年代达到了高潮。金岳霖的《批判实用主义者杜威的世界观》和陈元晖的《现代资产阶级的实用主义哲学》代表了我国哲学理论界在这一时期批判杜威哲学的基本立场和观点。金岳霖认为，杜威的哲学实际上是主观唯心的反理性的盲目行动的哲学，在本质上属于为垄断资本家服务的帝国主义哲学。① 陈元晖对实用主义哲学，从真理论、方法论、社会观等诸多方面一一作了批判。陈元晖指出，杜威等实用主义者也谈“实践”与“行动”，但他们歪曲了实践与行动的意义，是替资产阶级的唯利是图的行为辩护。因此，实用主义哲学在本质上是反映了美国资产阶级的庸俗的、实利主义观点的主观唯心主义哲学。②

第三个阶段，党的十一届三中全会以后至今，对杜威哲学的重新评价阶段。如果说刘放桐在《实用主义述评》中对于杜威实用主义哲学的评价还没有能够完全摆脱“左”的思维模式的束缚，那么他在1987年发表的《重新评价实用主义》一文可以说是新中国成立以后最早比较客观地评价杜威及其实用主义哲学的文章。刘放桐指出，一方面，实用主义理论在某些方面客观上适应了资产阶级市侩的精神状态；另一方面，与其他西方哲学相比，实用主义是一种最为强调理论与实践统一、最为强调发挥人的主观能动性、最为反对脱离实际的抽象思辨和消极无为的机械论的哲学。③ 此后，学术界基本上摆脱了全盘否定的形而上学思想方法，力求科学地分析和评论杜威及其实用主义哲学，杨文极主编的《实用主义新论》、邹铁军的《实用主义大师——杜威》以及王元明的《行动与效果：美国实用主义研究》等就是其中的代表之作。杨文极的《实用主义新论》从哲学发展的高度出发，对美国实用主义哲学进行了全面的重新认识和评价。④ 邹铁军的《实用主义大师——杜威》是改革开放以后国内第一部研究杜威的专著，该书指出，尽管杜威的实验的经验主义是一种唯心主义哲学，但是其中也不乏积极成分，比如强调知行统一、强调观念在实践和实

① 刘琅：《精读金岳霖》，鹭江出版社2007年版，第276页。
② 陈元晖：《现代资产阶级的实用主义哲学》，上海人民出版社1963年版，第5—7页。
③ 刘放桐：《重新评价实用主义》，载《现代外国哲学第10辑》，人民出版社1987年版。
④ 杨文极：《实用主义新论》，陕西人民教育出版社1990年版。

验中的作用、哲学要研究日常经验等都是很有见地的观点。① 王元明在《行动与效果：美国实用主义研究》中指出，杜威自称用人的行动、人与环境的相互作用来重新解释经验，可以取消唯物论与唯心论的争论、经验论与唯理论的争论，把传统哲学的本体论、认识论等哲学家的问题转向人和人的行动的问题，从而实现哲学的改造。杜威的这种说法虽然有些言过其实，但也包含着合理的思想：“应当从行动的观点、实践的观点来分析过去哲学上的争论，把整个哲学建立在人的行动、实践的基础之上。”②

进入 21 世纪之后，人们对于杜威实用主义哲学的研究进入了更为全面的阶段，无论是研究的广度还是研究的深度都有了一些新变化。研究内容涉及杜威哲学的教育理论、政治理论、伦理学、社会学、实践观、真理观、历史观等诸多思想领域。其中，真理观与实践观是除教育理论以外讨论最为热烈的话题，关于杜威哲学的真理、实践与行动方面的研究，形成了丰富的理论成果。高建平从美学的角度剖析了杜威的经验与实践概念，并在此基础上提出了一种新的美学实践观：“在经验和实践的先后问题上，实践在逻辑上先于经验，不能将实践纳入经验。实践活动是经验建构的核心，经验认识有赖于实践活动，因此，孤立的思维不是实践。”③ 陈秀兰则从教育哲学的视野出发考察了杜威的实践概念，她认为杜威的观念并没有走向纯粹的意识思维，而是建立在社会实践基础上，在某种意义上讲，杜威的观念是实践唯物的，或者说他的实践论介于认识论与本体论之间，强调教育就应当要关注人，要关注人的实践活动。④ 贾媛媛指出，杜威等古典实用主义者的共同理论特点就是实践哲学倾向，这不仅表现在“实用主义”一词来源于“实践”概念，更在于它把“实践”纳入人的现实生活领域，从而突破了认识论的局限，具有了生存论意义，强调

---

① 邹铁军：《实用主义大师——杜威》，吉林教育出版社 1990 年版，第 262 页。

② 王元明：《行动与效果：美国实用主义研究》，中国社会科学出版社 1998 年版，第 191—192 页。

③ 高建平：《经验与实践：兼论杜威美学和美学中的实践观》，《民族艺术研究》2004 年第 6 期。

④ 陈秀兰：《杜威经验教育观之实践蕴涵》，《高教发展与评估》2007 年第 3 期。

用实践智慧改善人的生存状态。因此，实用主义哲学是在对传统哲学批判的基础上建立起来的一种现代生存论意义上的行动哲学或实践哲学。[①] 郦平指出，杜威从道德性实践与技术性实践不可分离的角度对实践与行动概念做出的新诠释："人通过行动实现自我与对象的联系，在促进其实践能力与实践环境最佳融合的同时，实现个体善及公共善的活动方式。"[②]

三 马克思哲学与杜威哲学关系的历史审视

马克思生活在19世纪，他去世的时候，杜威的哲学处女作《唯物主义之形而上的假设》（*The meta physical Assumpations of Materialism*）发表才刚刚一年，所以马克思不可能预见到20世纪才开始盛行的杜威的实用主义哲学。而且，杜威也由于种种原因几乎没有研读过马克思本人的著作。据孙有中教授介绍，在查阅过杜威的藏书后发现："杜威读过的马克思原著有一本薄薄的《资本论选译》和另一本小册子一样的马克思的《文选》。"[③] 事实上，杜威也只仅仅在《自由与文化》一书中，直接地、较为详细地对马克思主义的社会进步理论进行过评述。此外，很难再从他们的著述中找到直接相互印证的材料。但是，关于马克思哲学与杜威哲学的关系问题一直以来都是理论界关注的重要问题。

1. 国外关于马克思哲学与杜威哲学关系的争论与探讨

自20世纪40年代以来，马克思哲学与杜威哲学之间的关系问题一直都是国外学术界关注的重要论题。综观这种比较研究的发展，大致经历了以下两个阶段。

第一个阶段，20世纪40年代至80年代末，侧重从哲学整体上对

---

① 贾媛媛：《古典实用主义的实践哲学》，《江海学刊》2008年第3期。

② 郦平：《一个被遮蔽了的“杜威问题”：杜威实践观念的真实意蕴及其伦理价值》，《社会科学战线》2016年第3期。

③ 孙有中：《美国精神的象征》，上海人民出版社2002年版，第239页。

两者进行比较。尽管杜威曾经多次明确表示，他“对于马克思不够了解”[①]“没有读过马克思”“自己也不是一个共产主义者”[②]，但是在20世纪四五十年代，大部分西方学者还是认为，杜威哲学与马克思哲学的相似之处远比其分歧要多得多，有些学者甚至将杜威看作是马克思哲学的继承人。著名英国哲学家罗素在《杜威的新逻辑》中指出，马克思在《关于费尔巴哈的提纲》第一条、第二条、第十一条中所表达的关于实践的观点同杜威的工具主义观点几乎完全一致。他说：“尽管在措辞上有所不同，马克思这个学说实质上同工具主义简直不可分别。”[③] 另一著名英国哲学家卡尔·波普尔同样宣称，马克思是“最早发挥了后来称为‘实用主义’的观点的哲学家之一”[④]。逻辑实证主义的主要代表之一弗朗克也认为马克思的实践观是“同美国的实用主义联系在一起的”[⑤]。在这方面，杜威的学生——美国实用主义者悉尼·胡克表现得尤为突出，他认为：“在今天的世界上，马克思思想中最优秀因素在其中得到表现的最杰出的人物便是约翰·杜威。这些因素都由他独立地作了发展，而是超出了在马克思著作中所发现的任何东西之外系统地对它们作了精心研究。”[⑥]

这种简单地将杜威哲学与马克思哲学等同起来的观点遭到了包括一些美国学者在内的西方马克思主义学者的强烈反驳。在他们看来，马克思哲学与杜威所代表的实用主义哲学的基本主张是直接对立的：“实用主义不仅是马克思主义的敌人，而且也是美国以及全世界和平

---

① John Dewey, *The Later Works of John Dewey*, Vol. 5, Edited by Jo Ann Boydston, Carbondale: Southern Illinois University Press, 1984, p. 367.

② John Dewey, *The Later Works of John Dewey*, Vol. 9, Edited by Jo Ann Boydston, Carbondale: Southern Illinois University Press, 1989, p. 91.

③ Bertrand Russell, *The Basic Writings of Bertrand Russell*. London: Routledge, 2001, pp. 164 – 179.

④ Karl Popper, *The Open Society and its Enemies*, London: Routledge, 2002, p. 98.

⑤ Philipp Frank, *Modern Science and its Philosophy*, Cambridge: Harvard University Press, 1949, p. 203.

⑥ ［美］悉尼·胡克：《理性、社会神话和民主》，金克、徐崇温译，上海人民出版社2006年版，第133页。

与进步的敌人。”①

由于分析哲学在欧美大陆的兴起，20 世纪 50 年代至 70 年代，杜威及其所代表的实用主义哲学在整个西方学术界有些受冷落，关于杜威哲学与马克思哲学之间关系的研究也相对较少。与之相反，在苏联以及东欧的其他社会主义国家，学者们对杜威及其实用主义哲学展开了大规模的、猛烈的批判。在他们看来，杜威哲学是一种与马克思哲学完全对立的资产阶级的反动哲学。苏联先后出版了林哈尔特的《美国实用主义》和康·梅里维尔的《美国的实用主义》等一系列批判实用主义的著作，其中康·梅里维尔在书中对杜威及其实践哲学的全盘否定的评价代表了当时社会主义国家思想界的基本倾向。梅里维尔认为，杜威是帝国主义时代最恶劣的思想反动的人物之一，虽然也谈实践，但是杜威对实践的理解是唯心主义的，反科学的。如果说杜威也谈论经验中的客观因素或事实的话，那么他也是主观主义地考察它们，即仅仅是在人的意志坚决的积极性所经受的困难和阻碍的意义上来考察它们的，他把作为主体与客体的相互作用的物质的实践的统一过程“劈成”两半，并抛弃了关于客体的那一方面。杜威和整个实用主义所理解的实践很像安徒生童话中那些骗子的行动，他们用不存在的线织成布，从一无所有中为国王裁制衣服。②

进入 20 世纪 70 年代后，杜威哲学重新引起了西方学者们的重视，它与马克思哲学的比较研究成为美国学术界的一个理论热点。70 年代中后期至 80 年代末，相关的研究可以说是四五十年代争论的一种延续。一方面，许多学者反对把马克思哲学与杜威哲学直接联系起来，否认两者之间存在着内在的联系。比如，著名马克思主义学者诺瓦克（George Novack）认为，杜威哲学是一种与马克思哲学完全对立的一种帝国主义哲学③，达米寇（Alfonso J. Damico）认为把杜威看成

① ［美］哈利·威尔斯：《实用主义——帝国主义的哲学》，葛力等译，三联书店 1955 年版，第 5—81 页。

② ［苏］康·梅里维尔：《美国的实用主义》，郭力军译，上海人民出版社 1958 年版，第 76—87 页。

③ George Novack, *An Appraisal of John Dewey's Philosophy: Pragmatism Versus Marxism*, New York: Pathfinder Press, 1975, p. 41.

是马克思哲学的继承者是缺乏根据的，他说，虽然就理论与实践的统一方面来说，在马克思和杜威那里存在着一些相似之处，但是在社会改造等许多方面却存在着很大的差异，而且在杜威的著作中很少有迹象表明其直接来源于马克思的思想①。另一方面，一些学者仍然坚持马克思哲学与杜威哲学的相似之处要大于它们的分歧。德乌尔索（Salvatore D'Urso）在分析了杜威拒绝马克思主义的原因，对共同体、人性、知识的性质等马克思与杜威的一些哲学观点进行比较后，又对马克思的相关教育学原理与杜威的民主主义教育理论进行了深入的考察。他认为，马克思哲学与杜威哲学之间具有一定的兼容性，并且在某种程度上杜威教育哲学是对马克思教育哲学所作出的较为开放的解释。② 奈德（John Ryder）认为，与马克思主义者对于实用主义的完全否定不同，在马克思哲学和杜威哲学之间存在着诸多相似的地方，许多方面都值得进行比较研究，比如本体论、方法论、认识论，以及伦理学和美学等都有着广阔的比较分析的空间。他认为，杜威正是本着马克思《关于费尔巴哈的提纲》第十一条所倡导的那种实践精神而一再强调，哲学必须放弃对空洞的真理的追求而转向对“人的问题”的研究。③

第二个阶段，20 世纪 90 年代至今，对两种哲学共同关注的某个或者某些具体领域进行较为深入的研究。与那种将马克思哲学与杜威哲学简单地等同或者完全对立起来不同，自 90 年代初开始，学者们对于两者的关系不再仅仅从总体上来考察，而更多地集中于两者共同关注的某个或者某些具体领域并对其进行深入的研究。泰尔斯（J. E. Tiles）对杜威的工具主义和马克思的实践观点进行了比较，他指出，与马克思《关于费尔巴哈的提纲》第十一条的观点相似，杜威同样认为“哲学家曾误认为一个人可以不需要改变世界就能成功地

① Alfonso J. Damico, “Dewey and Marx: On Partisanship and the Reconstruction of Sciety” *American Political Science Review*, Vol. 75, No. 3, Sep 1981.

② Salvatore D'Urso, “Can Dewey Be Marx's Educational - Philosophical Representative?” *Educational Philosophy and Theory*, Vol. 12, No. 2, Oct 1980.

③ John Ryder, “Community, Struggle and Democracy: Marxism and Pragmatism” *Studies in Soviet Thought*, Vol. 27, No. 1, Feb 1984.

解释世界。当然，问题在于改变世界，将它改变得更好，按照自己意愿来改变。目前仍然有人认为，一个人没有设法理解世界而改变世界比一个人没有设法改变世界而理解世界更为荒唐”，而且杜威哲学的工具主义探究理论的提出就是为了帮助人们更好地改变事物。[①] 舒克里安（Steve Shuklian）也认为，马克思的实践观与杜威的工具主义存在着诸多相似之处：他们接受和发展了人道主义传统，将人看成是创造的原动力，人的需要与创造潜能应该被尊重和鼓励，劳动并非如功利主义所说那样是“令人厌烦的”，正是人的劳动与努力推动了历史向前发展；知识来源于行动经验，并在实践中接受检验；现代资本主义制度限制了知识的增长和人自身的发展。这些共同点表现在政治经济学领域，就是他们超越了 18 世纪以来正统的经济学理论所依据的理论支点的“牛顿学说”，而注重人类在自身发展中所扮演的重要角色。[②] 杰纳特（Thomas M. Jeannot）则认为马克思与杜威的哲学和社会学观点十分相似，在哲学方面，他们各自的认识论以及自然主义观点存在着明显的相似之处；在社会学方面，尽管基本原则有着很大的区别，比如杜威的社会改良主义和马克思的社会革命理论之间存在着分歧，但是他们在关于资本主义制度的评价等社会学领域的许多看法却非常类似。[③] 哈里斯（Fred Harris）对马克思资本论中的一些基本原理与杜威的教育哲学进行了比较分析。他认为，一方面，杜威所说的行动和马克思所讲的具体劳动非常相似，杜威注重实践的唯物主义教育理念在“芝加哥杜威实验学校”的具体实现与马克思的具体劳动理论在许多方面是一致的；另一方面，马克思把具体劳动和抽象劳动结合起来，并以此作为批判现代资本主义社会的基础，而杜威依据的是文化滞后理论，这种分歧体现在他们对现代资本主义社会的分析

---

① J. E. Tiles, *John Dewey: Political theory and social practice*, London: Routledge, 1992, p. 1.

② Steve Shuklian, “Marx, Dewey, and the instrumentalist approach to political economy” *Journal of Economic Issues*, Vol. 29, No. 3, Sep 1995.

③ Thomas M. Jeannot, “A Marx/Dewey Dialogue on the Prospects for an American Socialism” *International Journal of Social Economics*, Vol. 21, Iss: 10, Jan 1994.

中。[1] 萨米（Pogrebinschi Thamy）对马克思与杜威的政治哲学进行了比较，认为尽管基于不同的假定和框架，但是他们都将那种普通人共享的民主看作政治主题，在马克思和杜威的著作中都曾坚持民主应该以人的经验或者实践为基础，而不是以政治制度为基础。[2]

从国外研究状况来看，研究者们从哲学认识论、社会学、经济学、教育哲学、政治哲学等不同的视角对马克思哲学与杜威哲学的关系进行了广泛的探讨，并取得了一定的成果。在 20 世纪 90 年代之前，由于在两种意识形态理论的主导下，国外学者对于杜威哲学的整体评价呈现出两种完全对立的观点。一方面，非马克思主义学者对杜威哲学持几乎完全肯定的态度，以批判马克思哲学或者夸大杜威哲学与马克思哲学的联系而为其辩护；另一方面，马克思主义学者为划清马克思哲学与杜威哲学的界限而对杜威哲学持全盘否定态度。但是，在 20 世纪 90 年代之后，研究者们逐渐摆脱了意识形态的束缚，趋向于以一种比较客观的态度来看待杜威哲学，不再简单地将杜威哲学与马克思哲学等同起来或者对杜威哲学进行全盘否定的评价，而是转入对两种哲学的具体问题的分析和研究。其中，实践或者行动问题始终是人们探讨的中心论题。研究者们就实践与理论的相互联系、人的实践在社会发展中的作用、实践方法在政治经济学中的运用、实践在教育哲学与政治哲学中的基础地位以及实践在整个哲学中的重要地位等一系列马克思实践观与杜威行动观所共同关注的论题进行了具体分析。

在大多数西方学者看来，马克思哲学与杜威哲学尽管存在着很大分歧，但对实践或者行动的强调是两者在哲学认识论、教育哲学、政治哲学等不同领域的共同特征，而两者对于实践的理解是否不一样、有何区别，他们则很少论及。此外，就实践观或者行动观的相关研究而言，西方学界注重的是实践或者行动的作用和地位等问题，而对于实践的本质是什么、与理论有何区别，实践的主体以及基本属性等基

---

① Fred Harris, “Dewey's Materialist Philosophy of Education: A Resource for Critical Pedagogues?” *The European Legacy*, Vol. 11, No. 3, June 2006.

② Pogrebinschi Thamy, *Ordinary Democracy*: *Marx and Dewey on the Political Subject*, Conference: American Political Science Association 2007 Annual Meeting, Jan 2007.

本问题缺乏必要的追问与分析。这容易让人误以为两种哲学在实践或者行动问题上是一致的而没有什么区别，而事实上，两者之间存在着本质区别。因此，需要对两种哲学的实践观和行动观进行更加深入的系统分析和研究。

2. 国内关于马克思哲学与杜威哲学对话研究的不断深化

一直以来，国内学界侧重于对马克思主义与实用主义两种思想派别进行比较研究。两种哲学派别关于真理、实践等认识论方面的论述是学者们重点关注的问题。罗绍贤认为，马克思主义实践观和实用主义实践观之间存在着本质区别，两者对于实践概念、实践和认识的关系、检验真理的实践标准等各方面的理解都是不同的。① 司汉武等认为，与马克思主义实践观相比，实用主义过分看重个人功利的重要性而忽视甚至排斥以社会为本位的价值思想，确有极端或狭隘功利主义的偏弊和嫌疑，但从它们站在个人角度看待和探讨社会合理性而言，就其重视工具对实践活动结果和效果的影响而言，其实践观无疑有很大的合理性。② 张艳玲指出，两种哲学都强调实践与行动对客观世界的改造作用，但是马克思主义哲学坚持辩证唯物主义的实践观，实用主义则主张唯心主义的行动观。杜威等实用主义者肯定了人的实践活动的能动作用是合理的、正确的。但这是以否定外部世界及其规律存在的客观性为代价，把实践与行动看作是纯粹由主观按照自己的主观观念进行的活动和创造过程，排除了实践的客观物质基础。③ 宇海金认为，实用主义实效观与马克思主义实践观都强调实践和认识的能动作用、工具作用。但也存在以下分歧：实用主义从经验出发，其主体、客体都不过是经验中的两个系列，并无客观实在性，最后走向主观主义和唯意志主义，而马克思主义所强调的实践是以客观条件和人

① 罗绍贤：《马克思主义实践观和实用主义实践观的本质区别》，《理论探索》1991年第2期。

② 司汉武、崔巧玲：《工具、价值与实用主义——兼论实用主义与马克思主义的实践观分野》，《延安大学学报》（社会科学版）2000年第2期。

③ 张艳玲：《划清马克思主义哲学与实用主义哲学的界限》，《高校理论战线》2001年第4期。

掌握客观规律为前提的，是能动和受动的统一。① 徐积平认为，实用主义和实践唯物主义在现代哲学转向上两者是有一致性的，都实现了实践哲学的转向，但是实用主义在哲学路线和基本理论观点上违背了实践唯物主义，其理论在本质上是唯心主义，是实践唯心主义哲学。② 刘放桐认为，杜威哲学的根本意义是对现实生活和实践的强调，杜威的哲学改造适应了西方哲学现代变革的潮流；杜威哲学与马克思的哲学有着原则区别，但在超越近代哲学的局限性、体现现代哲学的发展趋势上二者殊途同归。③

近年来，随着哲学对话研究模式的开展，研究者逐渐从马克思主义与实用主义两种思想派别的研究深入到对马克思哲学与杜威哲学的具体比较，分别就两种哲学的“真理观”④ “伦理架构”⑤ “美学思想”⑥ “共同体概念”⑦ “教育哲学思想”⑧ “哲学革命的实践转向”⑨ “科学技术哲学思想”⑩ 等问题进行了具体的比较分析。在上述研究中，都涉及了马克思哲学与杜威哲学关于实践与行动范畴的不同理解。但迄今为止，仅有少数著述专门探讨了两种哲学的实践范畴与行动范畴之间的关系。如吴猛博士的《杜威“经验”概念与马克思“实践”概念之比较》一文专门就“经验”与“实践”两个基本概念

① 宇海金：《马克思主义与实用主义实效观比较研究》，硕士学位论文，中共四川省委党校，2004 年，第 31、32 页。

② 徐积平：《实用主义与实践唯物主义》，博士论文，苏州大学，2005 年，第 128 页。

③ 刘放桐：《杜威哲学的现代意义》，《复旦学报》（社会科学版）2005 年第 5 期。

④ 毛崇杰：《杜威、马克思与孔子关于真理的对话》，《杭州师范大学学报》（社会科学版）2008 年第 6 期。

⑤ 马如俊：《社会制度中的良善生活——马克思和杜威的伦理构架》，《江苏行政学院学报》2008 年第 3 期。

⑥ 刘悦笛：《马克思的“生活美学”——兼与维特根斯坦、杜威比较》，《马克思主义美学研究》2007 年第 10 期。

⑦ 黄小晏、张全新：《马克思主义哲学是杜威“民主共同体”的理论来源》，《山东师范大学学报》（人文社会科学版）2009 年第 1 期。

⑧ 杨慧玲：《马克思与杜威的教育哲学比较研究》，硕士学位论文，燕山大学，2012 年，第 38—48 页。

⑨ 刘放桐：《杜威在西方哲学上的“哥白尼式的革命”——与康德和马克思的比较》，《河北学刊》2014 年第 3 期。

⑩ 徐祥运、庞丹：《马克思与杜威的科学技术哲学思想比较》，《自然辩证法研究》2015 年第 4 期。

对两种实践哲学进行了比较分析。他认为，杜威的“经验”概念与马克的“实践”概念都是与生活、历史相同层次的概念，这两个概念体现了杜威和马克思对于全部西方形而上学的反叛姿态，使得杜威哲学能够与马克思哲学共享实践哲学的基本立场，但从根本上来说，这两个概念是异质的：不仅内涵不同，其主旨也大异其趣。①

关于马克思主义与实用主义两种思想派别整体上的比较研究对于正确把握马克思哲学与杜威哲学的关系确实非常有必要，但是研究又不能仅仅停留在两种思想派别的总体层面，需要我们对两者作更加深入、更为具体的学理分析。众所周知，实用主义有古典实用主义与新实用主义之分，“古典实用主义远不是铁板一块的哲学，就其表现形式而言是灵活且多样的”，不同的学者其思想也存在着比较大的差异。而且，马克思的哲学也不能完全等同于马克思主义哲学。因此，对马克思哲学与杜威哲学共同关注的某些领域从学理上进行深入的分析，是坚持马克思哲学的基本立场、实事求是地评价杜威哲学所必须做的基础性工作。

随着马克思实践观研究的不断推进，研究者逐渐突破了马克思哲学认识论框架的束缚，在生存论、价值论等更加开阔的视野下对马克思实践观进行了深刻解读，但是，关于马克思哲学与杜威哲学的比较研究仍然局限于认识论范畴，主要关注的仍然是实践与认识、实践与真理等认识论的系列问题。虽然，在认识论视阈中，两种哲学也确实存在着许多问题需要我们重新进行审视。但是，这种比较又不能仅仅局限于认识论范畴，因为与马克思哲学相似，杜威将行动概念引入到哲学中，引起了哲学本体论、认识论、价值论等各个方面的一系列变革。所以，需要我们从本体论、认识论、价值论等不同维度对马克思实践观与杜威行动观进行学理上的比较分析，以获得关于二者关系的全面的、正确的认识。

3. 重新审视马克思实践观与杜威行动观关系的价值意义

21 世纪是科技、经济高速发展的全球化时代。一方面，科技的

① 吴猛：《杜威“经验”概念与马克思“实践”概念之比较》，《江苏行政学院学报》2009 年第 4 期。

快速发展和应用空前地改善了人类生存和发展的条件，推动了人类社会的进步。另一方面，科技发展所带来的全球性问题又使人类的生存和发展面临着严重的风险和危机。关注社会现实和生活实践，将人类生存发展以及个人生活的关切作为哲学主旋律已经成为21世纪哲学发展的一种新趋势。在我国学术界热衷于从“实践”“行动”的视角来解读马克思哲学、杜威哲学以及整个现代西方哲学的大背景下，对马克思哲学的实践观与杜威哲学的行动观进行全面、具体的比较分析，厘清二者之间的关系无疑具有重要的理论价值与实践意义。

第一，马克思哲学产生于西方哲学传统，既是西方传统哲学优秀成果的继承者，又是西方传统哲学的批判者和超越者，从而也是西方现代哲学的奠基者。因此，以西方传统哲学为理论背景，将马克思哲学置于西方哲学发展的语境中，与马克思之后的实践哲学的代表杜威哲学进行学理上的比较分析，将有助于我们更好地理解马克思哲学的精神实质及其革命性变革的重大意义。

第二，坚持马克思主义的基本立场，利用马克思主义的基本原理正确分析和评价西方各种文化思潮是坚持马克思主义并发展马克思主义的基本要求。一方面，对马克思实践观与杜威行动观进行全面具体的比较分析，使我们重新认识实用主义哲学的本来面貌及其在西方现代化中的地位，有助于我们以科学的态度更加客观地评价杜威及其所代表的实用主义哲学，防止马克思主义研究中的实用主义化倾向。另一方面，杜威的实用主义哲学对美国经济和文化的发展产生极其重要的影响，虽然从哲学总体上看，杜威哲学是与马克思哲学相对立的一种实践哲学，但是杜威的行动观对于现实生活中具体问题的解决还是具有一定的借鉴意义。通过比较研究发掘杜威行动哲学中的合理因素，为马克思实践观的深化，以及整个当代实践哲学的创新和发展提供助力。因此，这种比较研究对于我们吸纳西方乃至世界人类文明发展成果，推动马克思主义理论创新具有重要意义。

第三，从对于马克思主义与实用主义两种思想派别的比较研究深入到对于马克思实践观与杜威行动观的具体比较分析，有助于我们重新审视两种实践哲学之间的关系。由于种种原因，目前学术界对于马克思实践观与杜威行动观之间关系的认识还存在着一定的曲解和误读。少数学者因为把实践或行动看作是马克思哲学与杜威哲学的共同原则，从而夸大两者之间的联系，忽视两者的本质区别；还有部分学者简单地把杜威行动观归结为主观唯心主义的实践观而进行全盘否定；大多数研究者希望能够以公正的态度来看待杜威的实践哲学，但由于常常只是对马克思主义与实用主义两种哲学派别进行比较，因此对于一些具体问题的分析还有待进一步深入。比如，在许多学者看来，由于都认为实践对于知识的产生和验证具有重要意义，因此，“实践是检验真理的唯一标准”不仅是马克思哲学的基本原则，对于杜威的实用主义哲学来说同样如此。由此可见，以马克思与杜威本人文本为基础，通过文献分析和解读，对马克思实践观和杜威行动观进行全面而具体的比较研究，以获得对两者关系的正确认识，有助于澄清人们对于两者关系的曲解与误读。

第四，从我国社会发展的现实来看，随着科学技术的飞速发展，人们的物质生活水平和思想观念都发生了巨大的变化。一方面，科学技术发展的成就，满足着人们日益增长的物质生活需要，为人们的生活带来了极大的便利；另一方面，物质生活水平不断提高的同时人们精神方面的问题也日益增多。作为发展中国家，我国正处于现代化建设的进程中，处于社会转型的重要时期，我们正在追求的社会主义现代化价值体系、前现代的传统价值体系以及西方的后现代主义价值体系，三大价值体系相互冲撞，纠缠着人们的心灵，使得许多人处于“价值迷失”的状态。从本体论、认识论、价值论的视角对两种哲学进行比较分析，有利于深化对实践与行动的认识，有助于我们正确认识当代人的实践活动的价值和意义，从而为人们走出所面临的生存和发展困境提供理论指导。

第五，对于社会主义和谐社会的建构具有一定的启示意义。随着科技的发展，社会生活的不确定性和风险性不断增加，如何正确认识和应对社会风险成为我国社会主义和谐社会建设所必须面对的重要课题。比较马克思的实践观和杜威的行动观，有助于我们从哲学层面来分析人类实践活动的规律性和风险性，为遵循实践规律、应对实践活动风险、促进社会和谐提供理论指导。

第一章 西方哲学主题与范式的转换

马克思哲学产生于西方传统哲学的文化土壤之中，既是西方传统哲学的批判者，又是西方传统哲学的全面继承者。不仅德国古典哲学是马克思哲学的重要理论来源，而且古希腊哲学家，如德谟克里特、伊壁鸠鲁、亚里士多德等人的思想对马克思哲学的诞生同样产生过重要影响。与之相类似，杜威哲学虽然产生于远离欧洲大陆的美国，但是与现代欧洲哲学一样都离不开发源于古希腊的西方哲学传统，杜威本人也曾明确指出，他的实用主义哲学是对传统经验主义哲学的扩展与改造[①]。由此可见，无论是马克思哲学还是杜威哲学都产生于西方传统哲学的大背景下，是对西方传统哲学的继承和批判。因此，对于马克思实践哲学与杜威行动哲学及其相互关系的正确理解必须以厘清西方哲学发展的基本脉络为基础。

第一节 两种基本的哲学范式

在西方哲学两千多年的发展进程中，不同时代、不同背景的哲学家，从不同的角度来阐释着自己对于哲学以及哲学问题的不同理解，观点纷呈、学派林立。根据哲学发展的不同历史阶段，人们将西方哲学分为古代哲学、近代哲学、现代哲学等。但如果根据研究主题和研究范式来进行划分，哲学又大致可以分为理论哲学与实践哲学两大基本类型。人们习惯上将马克思主义哲学称为实践哲学，从根本上来讲，就是相对于理论哲学而言的。

---

① ［美］杜威：《杜威文选》，涂纪亮编译，社会科学文献出版社 2006 年版，第 12 页。

理论哲学与实践哲学的区分，从根本上来说，主要源于人们对理论与实践关系的不同理解[①]。理论与实践的关系问题，既是哲学研究中一个不可或缺的基础性论题，又涉及对于哲学自身活动的理解。在西方哲学的发展历程中，几乎每一个哲学家都直接或者间接地对该问题阐发过自己的观点。关于人类生活中理论活动与生活实践的关系问题的回答呈现出两种相互对立的主要观点：一种观点认为，理论活动是完全可以脱离于人类生活实践而独立存在，人们完全可以超越生活实践，只需通过理论活动便可以在思维中将整个世界构建起来；另一种观点认为，理论活动虽然具有重要的地位和作用，但归根结底它只是生活实践的一个重要组成部分，人们不能超越于实践活动而独立地构建理论世界。[②] 关于理论与实践关系问题的两种不同回答，在最终意义上决定并形成了两种不同的哲学研究理路和研究范式。与第一种观点相对应的研究范式我们便称之为理论哲学，与第二种观点相对应的研究范式我们就称之为实践哲学。在这个意义上来说，我们对于理论哲学与实践哲学的区分不是主要按照哲学研究的对象来确立的，而是主要依照哲学研究的理路与范式来确定的，并不是说理论哲学就完全不关心实践问题，而是说在理论哲学看来，只要通过理论活动，获得关于世界的普遍知识，实践问题就能够迎刃而解。在西方哲学史上，亚里士多德、康德等一些哲学家曾单纯地就哲学研究的对象而对理论哲学与实践哲学进行过简单的区分。比如，在康德那里，理论哲学主要涉及本体论、认识论以及形而上学等，实践哲学主要是指以道德、伦理、政治等实践领域作为研究对象的哲学领域。但是，在康德看来，“道德地实践”是以自由为基础的实践，自由不是基于感性条件，而是基于超验性原理，即以先验道德法则为基础的。在哲学总体上，康德哲学以先验自我为阿基米得点构建了“主体性形而上学”。在康德那里，实践哲学仍处于形而上学的支配之下，是作为理论哲学中的一个部分而存在的。因此，康德哲学在总体上还是属于理论哲学

① 王南湜：《回归生活世界意味着什么》，《学术研究》2001 年第 10 期。

② 王南湜、谢永康：《后主体性哲学的视域：马克思唯物主义的当代阐释》，中国人民大学出版社 2004 年版，第 22、23 页。

的研究范式。综观西方哲学的发展历史，从柏拉图和亚里士多德的古希腊时期到德国古典哲学的黑格尔时期，西方哲学中占主导地位的哲学范式和类型是理论哲学，而从马克思哲学开始的现代西方哲学中占主导地位的哲学范式和类型是实践哲学。

理论哲学具有以下几个方面的基本特征。

第一，以绝对的、超验的实体为基础。理论哲学普遍认为，生灭变幻的生活世界是不可靠的，只有那种现实生活之外的、超验的实体才是永恒不变的，因而才是真实可信的。所以，这种超验的实体也是理论哲学体系建构的基础和逻辑起点，哲学所寻求的就是感性事物背后的本质或者根源。在西方哲学史上，柏拉图的“理念”、亚里士多德的“质料”与“形式”、笛卡尔的“我思”、康德的“先验自我”以及黑格尔的“绝对精神”等，这些不同形态的超验实体或者终极存在之间的互相争辩与交融，构成了一幅绚丽多彩的理论哲学发展图景。对于超验的绝对本体或者终极存在的追求，一直伴随着理论哲学的产生与发展。因此，海德格尔认为，整个传统形而上学在本质上就是对于超验的“存在者”的追问。他说：“形而上学就是一种超出存在者之外的追问，以求回过头来获得对存在者之为存在者以及存在者整体的理解。”① 如此沉溺于超验实体与终极存在的追求，以至于理论哲学被严格地禁锢在思辨的思想世界，与人们的现实生活越走越远。

第二，既成性思维方式。与理论哲学和实践哲学的区分相对应，哲学的思维方式也可以划分为既成性思维方式和生成性思维方式。理论哲学遵循的是既成性思维方式，实践哲学遵循的是生成性思维方式。通过上面的分析我们知道，理论哲学以普遍性的超验本体为基础，把对感性世界背后永恒不变的本质的追求作为哲学的根本任务。这就意味着，在理论哲学看来，具有一个预先确定的、固定不变的本质或终极存在，即既成性的存在。从既成性的存在出发来理解和把握人与世界的方式，我们称之为既成性思维方式。这种思维方式把现实世界中的一切事物都归结为唯一的始基或绝对本体，然后以“绝对本

① ［德］海德格尔：《路标》，孙周兴译，商务印书馆2000年版，第137页。

体”为依据去解释现实事物，是一种预设先定抽象原则，然后从原理推论现实的思维方式。既成性思维方式是一种抽象性思维方式，“就其实质而言，它是引人缅怀过去的思维方式，注重先在的思维方式，从抽象原则出发的思维方式”，它是一种“远离现实存在的思维方式，否弃真实生活的思维方式”①。既成性思维在本质上是一种二元论的思维方式，主客二分是既成性思维的总特征。由于在人的现实生活世界之外又预设了另外一个先在的、与人无关的本质世界，从而最终造就了人与自然、主体与客体的二元对立。正如当代哲学家罗蒂所说，“这是一种把真实的实在世界同由感觉，或质料，或原罪，或人的理解结构创造的现象世界相对立的思维方式”②。在既成论思维方式的主导下，一切真实的存在都是既定的，一切都“是其所是”，因而哲学关注的重心是“是什么”。

与理论哲学相比较而言，实践哲学主要具有以下基本特征。

第一，以现实生活为基础。与理论哲学追求和强调绝对超验的实体不一样，实践哲学普遍认为，不存在绝对的、超验的存在物，哲学应该以人们的现实生活为基础。在实践哲学看来，世界不再是那种与人无关的自在实体，而是与人紧密相关，对人具有重要价值和意义的生活世界。虽然不同的实践哲学对于生活世界的理解存在着不小的差异，比如，马克思哲学的生活世界是以人的物质生产劳动为基础的现实生活过程；胡塞尔哲学实现了从先验自我到关注生活世界的重大转变，但在胡塞尔那里，生活世界是一个前反思的、前科学的、可以通过知觉实际经验到的日常生活世界；维特根斯坦哲学所说的生活世界主要是指人们的日常语言交往；哈贝马斯哲学所强调的生活世界则是以人的交往行动为基础的；杜威的经验自然主义哲学所关注的生活世界主要是指个体的生活经验。但是，从总体上来看，这些哲学的共同特征都是坚持以生活世界作为基础，都是强调哲学应当由抽象的理念世界向人的现实生活世界回归。

---

① 高清海等：《人的“类生命”与“类哲学”：走向未来的当代哲学精神》，吉林人民出版社 1998 年版，第 209 页。

② ［美］罗蒂：《后哲学文化》，黄勇译，上海译文出版社 1992 年版，第 98、99 页。

第二，生成性思维方式。与理论哲学相反，实践哲学坚持以现实生活为基础，否认一切既定的、固定不变的本质。在实践哲学看来，一切的存在都处于生生不息的变化过程当中，即一切存在都是生成性的存在。从生成性的存在出发来理解和把握人与世界的方式，我们称之为生成性思维方式。这种思维方式认为，存在不是实体的堆积或者既定事物的集合，而是不断变化的过程的集合，一切存在的意义都是在人的现实生活中不断生成和显现出来的。比如，马克思认为“整个所谓世界历史不外是人通过人的劳动而诞生的过程，是自然界对人说来的生成过程”①，恩格斯认为“世界不是既成事物的集合体，而是过程的集合体”②，萨特主张存在先于本质，海德格尔强调“此在”就是它尚不是的东西。与理论哲学的既成性思维方式相比较，立足于现实生活的生成性思维具有以下特征：（1）重过程而非本质；（2）重关系而非实体；（3）重创造而反预定；（4）重个性、差异而反中心、同一；（5）重非理性而反工具理性；（6）重具体而反抽象主义③。在生成论的思维方式的主导下，哲学关注的重心不再是“是什么”，而是“如何是”的问题了。

第二节　理论哲学的发展脉络

西方哲学史上第一个哲学家泰利斯关于世界本原的追问，开始了西方哲学家对于作为世界“初始本原”的“绝对本体”的苦苦追寻。自此以后，追溯整个世界的本原或始基成为西方传统哲学的首要目标，构成了不同哲学派别的共同主题。以“绝对本体”为前提，从人的思维出发去把握事物的本性以及解释人的本质和行为。因此，从根本上来说，西方传统形而上学是一种关于存在超验之本性的理论，是一种理论哲学范式。柏拉图以永恒不变的“理念”为基点建立了一个超越于感性世界的理念王国，标志着理论哲学的形成与确立。近

① 《马克思恩格斯全集》第 42 卷，人民出版社 1979 年版，第 131 页。
② 《马克思恩格斯选集》第 4 卷，人民出版社 1995 年版，第 244 页。
③ 李文阁：《生成性思维：现代哲学的思维方式》，《中国社会科学》2000 年第 6 期。

代哲学家笛卡尔和康德分别以“我思”与“先验自我”为阿基米得点，实现了理论哲学的主体性转向。而作为西方传统哲学集大成者的黑格尔，以“绝对理念”穷尽了理论哲学的一切可能，实现了理论哲学的最后辉煌。

一 理论哲学的形成与确立

泰利斯被公认为是西方哲学史上的第一位哲学家。他最先提出了“什么是世界本原”这一哲学问题，并率先进行了回答：“水是万物的本原。”① 泰利斯开启了古希腊哲学对于世界本原的追问之先河，不同的哲学家对世界本原问题做出了各种各样的回答，比如阿拉克西美尼的气本原说，赫拉克利特的火本原说，毕达哥拉斯学派的数本原说，巴门尼德的“是者”（being）概念以及恩培多克勒的四根说等。早期的古希腊哲学家大多数是用自然的原因来解释世界的本原。气本原说、火本原说、四根说等所说的本原都是感性直观可以把握的形体或者性质。但是，巴门尼德的“是者”概念则有所不同，巴门尼德所说的“是者”也是用来说明世界本原的概念，它与具体事物既有着相似之处又有着重要区别。与各种不停变化的感性自然事物不同的是，“是者”是万事万物共同具有的性质，它是完满的、不生不灭的，因而不能够被感性直观所把握，而只能由理性思辨和逻辑论辩来把握。与具体事物相似的是，“是者”并不是抽象的原则，而是时间与空间中的实在。巴门尼德的“是者”概念的提出实际上已经在一定程度上区分了两种不同层次的存在，即感性直观的具体事物与不生不灭的“是者”。虽然，“是者”与具体自然事物在巴门尼德那里还没有完全分离，但是，巴门尼德关于两种存在的区分还是为理论哲学的产生奠定了基石，他所提出的“是者”概念经过柏拉图的诠释和发展逐渐超出了自然事物的范畴，成为理论哲学中的一个核心范畴。

苏格拉底对早期希腊哲学通过自然事物来解释世界并不满意，他致力于从同类事物中寻求事物的共同本质并以此来说明世界，开启了希腊哲学的新方向。他的学生柏拉图在对世界本原的追寻中，丰富和

---

① 赵敦华：《西方哲学简史》，北京大学出版社 2001 年版，第 10 页。

发展了巴门尼德的“是者”思想，形成了理念论思想。柏拉图认为，可感领域不是真正的“是者”，感官所感知的一切事物都是不真实的，所有可感知的具体事物构成了一个不真实的虚幻世界。真正的“是者”只能是永恒不变的“理念”，“理念”是非感性的东西，它只属于理智的领域，是一切事物的本原，所有的“理念”构成了一个唯一真实的世界。“可感的与理智的是两个分离的领域。”① 因此，在柏拉图看来，存在着截然不同的两个世界：一个是由各种理念构成的理智世界；一个是由各种具体事物构成的可感世界。理念世界是真实的、永恒的，是本质，因而是真理或知识的对象；感性世界是不真实的、流变的，是现象，因而只是意见的对象。柏拉图的理念论试图超越感性事物而寻求世界的本原，建立了一个排除一切感性因素的纯粹的理念王国。理念王国的建立造就了理智世界与感性生活世界的分裂与对立，在理论与实践之间划出一道深深的鸿沟，在西方哲学史上首次明确地确立了世界二重化的原则，使得理论哲学得以真正形成与确立。因此，柏拉图也被视为西方哲学史上理论哲学的首创者。

亚里士多德的理论哲学是在对柏拉图哲学的批判的基础上而形成的。柏拉图哲学思想对亚里士多德理论哲学的形成产生了重要影响。“亚里士多德在思考问题时，柏拉图的著作都一直在他的眼前。他的整个学术活动都处在同柏拉图的对话之中。”② 亚里士多德对柏拉图的理念论进行了批判，他认为，理念从根本上来说是从具体事物中抽象出来的概念，柏拉图把理念当作是脱离具体事物而独立存在的东西来研究，因而无法对现实世界进行合理的解释。亚里士多德继承和发展了早期希腊哲学的自然哲学传统，他认为，“只有个体的具体事物才是真正的基础存在”③。所谓“真正的基础存在”，也就是亚里士多德常说的“作为存在的存在”“第一存在”或者“实体”，在最根本的意义上说，它是指“个别的人”“个别的马”等个体的具体事物。从表面上看，亚里士多德的工作似乎是要将哲学从柏拉图的理念王国

① 赵敦华：《西方哲学简史》，北京大学出版社 2001 年版，第 47 页。

② 靳希平：《亚里士多德传》，河北人民出版社 1997 年版，第 5 页。

③ 同上书，第 288 页。

拉回到现实生活，然而，亚里士多德在建立他的关于“实体”的“第一哲学”时又将哲学重新拉回了思想王国。亚里士多德把实体分为质料与形式两个方面，并且形式是实体的决定性因素，“所以，我们寻求的是使质料成为某物的原因，这个原因就是形式，也就是实体”①。于是，实体又从个体的具体事物转变为形式，形式成了万事万物的绝对本质，而形式实际上只是一种观念性的存在。因此，亚里士多德的“第一哲学”实际上就是一部完整的理论哲学体系。

二　理论哲学的主体性转向

古希腊的理论哲学以探究世界的本原为基本任务，哲学家们按照自己所确立的本原来构建自己的哲学体系。无论是柏拉图所说的“理念”，还是亚里士多德所说的“实体”，从根本上看都是与“人”或者“自我”无关的“客观的”存在。因而这种理论哲学也常常被称之为实体性哲学。进入中世纪以后，西方哲学一直处于神学的统治之下，人的主体性一直被神学所压抑。因此，中世纪西方哲学的发展未能超出柏拉图与亚里士多德建立的实体性理论哲学的范围。文艺复兴唤醒了人的自我意识，产生于17世纪的西方近代哲学开始从主体出发去构建和论证客观世界，开启了理论哲学的主体性转向。

“我思故我在”，笛卡尔哲学的第一原则成为理论哲学主体性转向的开端与标志。与实体性理论哲学为人类世界寻找本原与终极因相类似，笛卡尔也致力于为知识、上帝以及自身以外的世界寻找本原与终极因，只不过在他这里，本原或者终极因既不是纯粹的“理念”，也不是作为形式因的“实体”，而是“我思”。何谓“我思”，笛卡尔解释说：“关于我自己的这个概念和认识，严格说来既不取决于我还不知道其存在的那些东西，也更不取决于任何一个用想象虚构出来的和捏造出来的东西，这一点是非常靠得住的。”② 这也就是说，“我思”是一种直接意识，是绝对确定、无可怀疑的。因此，笛卡尔把“我

---

① 苗力田主编：《亚里士多德全集》第7卷，中国人民大学出版社1993年版，第187页。

② ［法］笛卡尔：《第一哲学沉思集》，庞景仁译，商务印书馆2007年版，第26页。

思”视为哲学的阿基米得点。它是一切哲学的出发点和逻辑始端，所有的哲学命题都是从“我思”推演出来的。从“我思”出发，真正的知识才能得以确证，上帝以及自身之外的世界都可以得到论证。

笛卡尔哲学最大的特征就是从“我思”出发来构建世界，把“我思”看成是整个世界的本原与基础，在“我思”的基础上以理性构建关于整个世界的知识。笛卡尔也因此被视为近代理论哲学的创始人。黑格尔曾经这样评价：“从笛卡尔起，我们踏进了一种独立的哲学。这种哲学明白：它自己是独立地从理性而来的，自我意识是真理的主要环节。在这里，我们可以说到了自己的家园，可以象一个在惊涛骇浪中长期漂泊之后的船夫一样，高呼‘陆地’。笛卡尔是那些将一切从头做起的人们中间的一个；近代的文化，近代哲学的思维，是从他开始的。”①

笛卡尔哲学开辟了对自我意识本身问题的主体性研究路径，但是理论哲学主体性转向的真正实现还要归属于康德哲学。因为，虽然笛卡尔把“我思故我在”视为天赋观念而不可怀疑，但是“我思”作为自我的一种直接意识，归根到底还是一种存在于时空之中的精神实体，即经验自我。由于经验自我在哲学上常常被作为特殊的客体对象来加以谈论，因此，“从严格的意义上讲，只有在康德的‘先验自我’确立以后，真正意义上的‘主体’才得以出现”②。康德的先验哲学开启了自我发展的一个新阶段，把笛卡尔哲学的经验自我提升为先验自我，从而使得真正意义上的主体得以确立。

康德不赞成笛卡尔把“我思”看作一个精神实体，那么“我思”到底是什么呢？康德认为，“它是一个东西，一个X，它履行着某种功能”③。由于这个“X”显然超越了我们的经验，是一个先于经验的纯粹形式上的观念，康德把它称作“先验自我”。显然，康德是通过逻辑功能的角度来界定“先验自我”的。因此，“先验自我”在康德

---

① ［德］黑格尔：《哲学史讲演录》第4卷，贺麟、王太庆译，商务印书馆1978年版，第59页。

② 崔唯航：《马克思哲学革命的存在论阐释》，中国社会科学出版社2005年版，第33页。

③ ［美］布鲁斯·昂：《形而上学》，田园等译，中国人民大学出版社2005年版，第204页。

那里又被称之为“先验统觉”。所谓统觉（apperception），就是“指把形形色色的直观材料统一为一个概念的综合能力”[①]。康德没有像笛卡尔那样只注重“我思”与“我在”之间的必然联系，而是强调了自我意识在统一各种表象时所具有的实际功能。他说：“‘我思’必须能够伴随着我的一切表象；因为否则的话，某种完全不可能被思考的东西就会在我里面被表象出来，而这就等于说，这表象要么就是不可能的，要么至少对于我来说就是无。”[②] 这也就是说，只有在先验统觉把所有我的表象综合为一个统一体的时候，我才能意识到这些表象都是我的。各种感性材料是知识形成的基础，而先验自我是经验材料得以统一、科学知识得以形成的逻辑主体和前提。在康德看来，“思维无内容是空的，直观无概念是盲的”[③]。人的直观能力不仅先于直观对象，而且决定着他所直观到的内容，先验统觉对直观内容的综合判断形成了知识。于是，不再是主体反映客体，而是客体围绕着主体转。这就是康德的“哥白尼革命”。

由此，康德以先验自我为阿基米得点构建了“主体性形而上学”，实现了理论哲学的主体性转向。通过从客体到主体，从本体论到认识论的根本性转变，康德把自我意识确定为知识的核心与出发点，以“人为自然界立法”为旗帜倡导以人为中心的世界观，以认识论统摄本体论，以认识主体统摄世界本体。主体的地位在康德哲学中被提到了前所未有的高度，成为哲学史上一个重要的里程碑。但是，仅仅从脱离了现实与自然的抽象的人出发去对待世界以及对待我们对于世界的认识，相对于古代的自然哲学与近代的经验哲学来说，显然还存在着很多问题，产生了许多不良的影响。因此，许多现代西方哲学家对康德的“哥白尼革命”提出了质疑与批判。杜威认为，康德的哲学革命“是托勒密式的而不是哥白尼式的”[④]；罗素同样指出，把康德的这次革命称为“‘托勒密式的反革命’那就更为确切”[⑤]。与哥白尼

① 赵敦华：《西方哲学简史》，北京大学出版社 2001 年版，第 313 页。
② ［德］康德：《纯粹理性批判》，邓晓芒译，人民出版社 2004 年版，第 89 页。
③ 同上书，第 52 页。
④ ［美］杜威：《确定性的寻求》，傅统先译，上海人民出版社 2004 年版，第 289 页。
⑤ ［英］罗素：《人类的知识》，张金言译，商务印书馆 1982 年版，第 1 页。

以“日心说”取代“地心说”而破除人类中心主义幻觉的方式相比，康德的哲学革命的方式在某种意义上更像是“托勒密式的”，而不是“哥白尼式的”。

三 理论哲学发展的巅峰

黑格尔哲学是从对康德哲学的批判开始的。康德的哲学革命确立了主体性的重要地位，但也带来了重大的理论难题。在康德那里，本体与现象、主体与实体之间存在着一条泾渭分明的分界线。主体只是自我意识的活动，而不是实体。那么，相互对立的本体与现象、主体与实体如何联系？康德本人曾试图将两者进行沟通，然而，“在他那里，现象与物自体之间的鸿沟是如此之深，以致这个统一工作收效甚微”①。于是，康德之后的哲学朝着两种不同的发展方向前进：一个发展方向就是立足于本体界，以彻底唯心论的态度充分发挥“精神”的能动作用，把存在统一于概念范畴之中；另一个发展方向就是立足于现象界，将概念统一于现实世界。后者是现代哲学的发展路径。前者是康德之后的德国古典哲学的发展路线，它开始于费希特与谢林，完成于黑格尔。黑格尔在费希特与谢林开启的道路上完成了对绝对唯心主义理论体系的建构。

针对康德哲学中主体与实体、本体与现象的二分，黑格尔认为，哲学的主要任务就是要实现两者的统一。他说：“哲学的最后目的和兴趣就在于使思想、概念与现实得到和解。”② 在黑格尔看来，自然和精神或者理性是统一的，而这个统一的基础就是理性或者绝对精神。黑格尔把理性看成是世界的灵魂与世界的本性。他指出：“‘理性’就是实体，也就是无限的权力；它自己的无限的素质，做着它所创造的一切自然的和精神生活的基础，还有那无限的形式推动着这种‘内容’。”③ 这里，“‘理性’就是实体”的意思，主要强调绝对精神

① 俞吾金：《一个被遮蔽了的“康德问题”——康德对“两种实践”的区分及其当代意义》，《复旦学报》（社会科学版）2003 年第 1 期。

② ［德］黑格尔：《哲学史讲演录》第 4 卷，贺麟、王太庆译，商务印书馆 1978 年版，第 372 页。

③ ［德］黑格尔：《历史哲学》，王造时译，上海书店出版社 2001 年版，第 9 页。

或者理性是一种客观存在的实体；而“它自己的无限的素质”则主要是指理性的自我认识以及自我创造活动。在此，黑格尔表达了“实体就是主体”或“主体也是实体”的反命题。“实体就是主体”体现了费希特关于自我学说对黑格尔的影响，而“主体也是实体”则表现出黑格尔哲学不同于以往主体性理论哲学的客观唯心主义特质。黑格尔在这里还接受了费希特和谢林把实在看作是一个运动的历程的动态的观点，认为作为宇宙实体的理性通过自我活动可以去创造和统摄一切，从而成为万物的“无限内容”，即万物的精华和真相。在黑格尔这里，所谓理性的自我活动就是指精神的原始种子逐步发展并返回自身的过程，具体来说就是指经过意识、自我意识、主观精神以及客观精神的发展之后，精神最后达到了主观和客观相统一的绝对知识亦即“绝对精神”的过程。换言之，理性在自我活动中实现了主观与客观、精神与自然的统一，“绝对精神”是理性的自我认识的完成与实现。在黑格尔哲学中，绝对精神的辩证运动是一个从抽象走向具体的过程，当它发展到一定阶段后，便生长出自然界和精神世界。在黑格尔看来，“自然界是自我异化的精神”①。这里的异化主要有两层含义：“一方面是指背弃自身，转变为异己的东西；另一方面，也是更重要的一个方面，是指必然地在与自身不同的领域发展。”② 这也就是说，自然界实际上只是绝对精神的外在形态。精神在扬弃了自然这一外在形式之后，便进入了人类精神领域，与人类精神同一，也就返回了自身。

由此可见，“绝对精神”在黑格尔哲学中具有至高无上的地位。黑格尔以绝对精神为基点构建了历史上最庞大、最全面的理论哲学体系，而且黑格尔还将哲学史上的所有哲学体系都视为绝对精神的一个个环节。后起的体系都把前面的体系视为自身的环节，这样，黑格尔哲学就包含了历史上所有的哲学体系，到达了绝对真理。理论哲学发展到黑格尔这里到达了它的巅峰。著名的英国哲学家怀特海曾经说过：“欧洲哲学传统最可依赖的一般特征是，它是由柏拉图的一系列

---

① ［德］黑格尔：《自然哲学》，梁志学等译，商务印书馆1980年版，第21页。

② 赵敦华：《西方哲学简史》，北京大学出版社2001年版，第356页。

注脚所构成的。”① 按照怀特海的观点，黑格尔哲学应该是这一系列注解的最终完成。这既说明了黑格尔哲学是自柏拉图以来的理论哲学发展的最高峰，也意味着理论哲学的终结。恩格斯在《反杜林论》的“引论”中评价黑格尔哲学时曾指出：“就哲学是凌驾于其他一切科学之上的特殊科学来说，黑格尔体系是哲学的最后的最完善的形式。全部哲学都随着这个体系没落了。”②

第三节 现代哲学的实践转向

西方传统哲学从一开始就有推崇思辨、轻视实践的理论倾向，经过从柏拉图到黑格尔的两千多年的发展，形成了以思想观念范畴为基础来构建理论体系以及从思想观念范畴出发来“解释世界”形而上学的思维方式。于是，哲学忙于构建自己的理论体系而逐渐离人的现实生活越来越远。从“解释世界”到“改变世界”，马克思哲学的实践转向，首次颠覆了两千多年的西方理论哲学传统，实现了哲学思维方式的根本改变。马克思把传统哲学的理论倾向颠倒了过来，从人的感性活动与现实生活出发，从实践的视角来把握世界，要求哲学超越自在的物质世界和纯粹的精神世界而关注人的现实生活。让哲学回归现实生活，马克思之后的现代西方哲学从不同视角，以不同的方式在不同的程度上诠释着马克思所开启的实践转向。

一 马克思开启的实践哲学革命

在《德意志意识形态》中，马克思曾指出：“对哲学家们说来，从思想世界降到现实世界是最困难的任务之一。”③ 通过这一论断，马克思明确地指出了从理论哲学向实践哲学转变的困难性。在他看来，整个传统形而上学几乎都是以思想观念范畴为基点而构建起来的理论体系，这种思想体系在本质上是一种统治现实又脱离了现实生活

① ［英］怀特海：《过程与实在》，杨富斌译，中国城市出版社 2003 年版，第 70 页。

② 《马克思恩格斯全集》第 20 卷，人民出版社 1973 年版，第 26 页。

③ 《马克思恩格斯全集》第 3 卷，人民出版社 1960 年版，第 525 页。

的世界观。经过两千多年的传承与发展，哲学家们大多沉迷于此，以致太难改变。正是在这种意义上，马克思提出哲学应正视人们的现实生活，以颠覆传统的颠倒的世界观。马克思哲学从人和人的现实活动出发，以实践为基础，把哲学从思想世界拉回到现实生活世界，彻底颠覆了西方理论哲学传统，开启了西方哲学史上的一场真正的思想革命，实现了现代西方哲学的实践转向。马克思哲学的创立是人类思想史上的伟大壮举，它使哲学的主题以及思维方式等都发生了根本性变革。

第一，马克思哲学彻底抛弃了各种脱离现实生活而存在的形而上学的先验预设和抽象本体，立足于具体的感性世界，从现实的人出发，把现实的人的实践活动视为其哲学的基础与逻辑起点。与传统理论哲学不同，马克思哲学坚决反对超验的绝对存在物，否认那些作为万有之本的形而上学抽象本体。在马克思那里，现实的感性世界本身才是唯一真实的实在，而感性世界又是人的实践活动的结果，是以生产实践为基础的。在批判费尔巴哈时，马克思曾明确指出："他没有看到，他周围的感性世界决不是某种开天辟地以来就直接存在、始终如一的东西，而是工业和社会状况的产物，是历史的产物，是世世代代活动的结果""这种活动、这种连续不断的感性劳动和创造、这种生产，正是整个现存的感性世界的基础，它哪怕只中断一年，费尔巴哈就会看到，不仅在自然界将发生巨大的变化，而且整个人类世界以及他自己的直观能力，甚至他本身的存在也会很快就没有了"①。也就是说，实践活动是现实的感性世界得以存在的基础，没有实践活动就没有人及其周围的感性世界。关于马克思这一思想的理解，曾经引起了国内学界关于马克思哲学实践本体论的广泛讨论。以王于、陈郎等为代表的学者认为，实践是马克思哲学的逻辑起点，是整个人类世界、整个现存感性世界的基础、本质和人类一切新的关系"由此产生"的源泉。因此，马克思哲学在本质上就是实践本体论，"'实践本体论'的历史意义正在于否定了'抽象本体论'""所谓'实践本体'就是指，人类的存在只是一种实践中的存在，人类社会的存在也

① 《马克思恩格斯选集》第1卷，人民出版社1995年版，第76、77页。

只是实践活动的存在。”① 但以高清海等为代表的另一些学者提出了不同看法。高清海认为，“马克思‘实践’观点的意义主要是在‘哲学思维方式’的变革，而不在于‘本体形态’的转变”，因此“不宜把马克思的哲学归结为‘实践本体论’。”② 这场讨论一直持续到21世纪，迄今尚未达成共识。何中华，杨耕等学者依然坚持从实践本体论的视角来研究马克思哲学及其实践观，但另外一部分学者则坚持认为，马克思从来都不关心“重建本体论”或“本体论转向”，谈没有实践意义的问题③，将马克思哲学理解为一种本体论甚至是实践本体论是不妥的④。因此，他们主张消除马克思实践哲学的本体论倾向，强调要让“实践”回到“现实的生活世界”⑤。这场争论的焦点集中在马克思哲学是否是一种实践本体论。从整个争论过程来看，提倡用“实践本体论”来代替马克思哲学的学者们并不是要将实践理解为一种形而上学的“实体”概念，而是希望通过把实践看作是“本体”来强调其在马克思哲学中的重要地位，但是，反对者则主要担心“实践本体论”的提法会很容易让人将马克思哲学与传统抽象本体论哲学联系起来，从而倾向于从基础主义的视角来解读马克思主义哲学。事实上，在对于实践概念的具体的理解中，把实践看作是现实生活、看作马克思哲学的逻辑起点这方面，争执双方的观点其实是一致的。无论怎样，毕竟只有让实践概念回归现实生活，把实践看作是马克思哲学的逻辑起点，才能正确地理解马克思哲学变革的真正意义。与此相比，是否使用“实践本体论”概念的争论就显得不是那么重要了。

第二，马克思哲学不是纯粹从主体或者客体方面来看世界，而是从实践的视角来理解和把握人与世界，即从人与世界的相互作用、相互创造来把握人与世界。自柏拉图以来的传统理论哲学在本质上是一种主客体相互对立的二元论哲学。按照传统理论哲学的观点，人们认

---

① 王于、陈郎：《“实践本体论”及其革命意义》，《哲学动态》1988年第3期。

② 高清海：《马克思对“本体思维方式”的历史性变革》，《现代哲学》2002年第2期。

③ 张汝伦：《马克思的哲学观和“哲学的终结”》，《中国社会科学》2003年第4期。

④ 赵凯荣、张剑伟：《劳动价值论与马克思主义实践本体论问题》，《哲学动态》2008年第2期。

⑤ 王南湜、谢永康：《实践概念与马克思主义哲学的创新》，《吉林大学社会科学学报》2004年第9期。

识和把握世界的过程中，作为认识主体的人与作为认识对象的客观世界是两相分离的。也就是说，作为认识者的主体只是一个被动的观察者，认知者与“被知的对象”不发生任何“交互作用”，认识主体与认识对象之间是相互分离的。在追求关于世界的普遍的知识过程中，人总是以场外的“旁观者”身份出现的，而且人越不参与其中，所得到的知识就越能够客观地反映存在。因此，认识者所能够采取的最根本途径就是静观，从而形成了静观求知的倾向和传统。因此，在传统哲学那里，人与自然在本质上是两相分离的，人类史与自然史是相互对立的。马克思哲学摒弃了传统理论哲学的一切二元对立，以实践为基础，把实践作为理解和把握世界的逻辑起点。从实践的视角来看，作为主体的“现实的人”不再是“旁观者”而是“参与者”和“行动者”，认识不再是“旁观者”的静观求知，而是主体与客体的相互作用过程。所以，在马克思那里，人与自然、人类史与自然史是既对立又统一的关系，是彼此相互制约的。人们所面对的自然“是真正的、人类学的自然界”①。

第三，马克思哲学彻底抛弃了“本质先定、一切既成”的既成性思维方式，形成了“一切将成”的生成性思维方式，把世界、历史看作是不断显现和生成的过程，实现了思维方式的根本变革。传统哲学预设了一个既定的绝对本体，并以此出发来推演出人与世界的存在，虽然也有强调人与世界的变化，但是这种变化都是既定的，是向既定的绝对本体的接近。在马克思看来，世界是一个以实践为中介相对于人来说的不断生成的对象世界。从生成论的视角看，一方面，世界不再是事物的集合，而是不断生成的过程的集合。正如恩格斯所说：“世界不是既成事物的集合体，而是过程的集合体”②，“整个自然界，从最小的东西到最大的东西，从沙粒到太阳，从原生生物到人，都处于永恒的产生和消灭中，处于不断的流动中，处于不息的运动和变化中”③。另一方面，不仅感性世界是在实践中生成的，人潜在的本质

① 《马克思恩格斯全集》第42卷，人民出版社1979年版，第128页。

② 《马克思恩格斯选集》第4卷，人民出版社1995年版，第244页。

③ 同上书，第270、271页。

力量也只有通过实践活动才能逐渐显现出来。“正是在改造对象世界中，人才真正地证明自己是类存在物。这种生产是人的能动的类生活。通过这种生产，自然界才表现为他的作品和他的现实。”[①] 马克思在这里指出，人只有通过实践这一对象性活动，实现自身本质力量的对象化，才能超越自身的既定状态，从而成为自由的存在。在生成性思维的主导下，马克思哲学不再探求所谓的“绝对本原”，而是主要关注人的存在和发展。于是，实现人的自由而全面发展成为马克思毕生努力的事业，但是人的自由和全面发展不是一个既定的抽象目标，而是需要经过不断实践斗争才能实现的历史性范畴。因此，马克思把共产主义解释为“共产主义的现实的产生活动即它的经验存在的诞生活动，同时，对它的能思维的意识说来，又是它的被理解到和被认识到的生成运动”[②]。

由此可见，马克思的哲学革命绝不只是对西方传统哲学原有主题或者原有哲学问题的延伸与诠释，而是实现了哲学主题和范式的深刻变革，并由此建构了一个具有现代意义的新实践哲学。恩格斯曾这样描述过马克思的哲学变革：“这已经根本不再是哲学，而只是世界观。”当然，恩格斯并不是说马克思哲学不是哲学了，而是为了强调马克思哲学与传统哲学本质区别、强调马克思哲学对传统哲学的“扬弃”：“哲学在这里被‘扬弃’了，就是说‘既被克服又被保存’；按其形式来说是被克服了，按其现实的内容来说是被保存了。”[③]

二　马克思之后实践哲学的发展

马克思哲学的实践转向并不意味着反对传统形而上学的哲学革命进程的完结。马克思哲学的实践变革开辟了现代西方哲学的新道路和新视野。在马克思之后，现代西方哲学自觉不自觉地沿着马克思开辟的实践哲学路径继续前行。崇尚实践、反对形而上学，成为现代西方哲学的共同特性。现代西方哲学实现了从由本体论哲学与认识论哲学

---

① 《马克思恩格斯全集》第 42 卷，人民出版社 1979 年版，第 97 页。

② 同上书，第 120 页。

③ 《马克思恩格斯选集》第 3 卷，人民出版社 1995 年版，第 481 页。

向实践哲学的深刻变革，在实践转向中形成了形态各异的实践哲学派别，呈现出多元化的趋势。西方马克思主义、实证主义与分析哲学、现象学和存在主义、实用主义、结构主义、文化哲学、过程哲学以及后现代主义等，从不同的视角诠释了现代哲学的实践转向。

（1）西方马克思主义的实践哲学。马克思的实践唯物主义侧重于从社会实践总体上来关注社会的解放以及整个人类的解放，而西方马克思主义者想要寻找的是把个人解放与社会解放结合起来的联结点。在大部分学者看来，这个联结两者的桥梁与中介就是日常生活批判，因此，他们纷纷尝试通过对日常生活的关注与批判来阐释马克思哲学变革的本真意义。西方马克思主义早期的代表人物葛兰西、卢卡奇、马尔库塞等非常注重对于日常生活问题的研究。比如，葛兰西的《实践哲学》不仅阐述了他对于马克思哲学的认识，而且也展示了他本人哲学的基本特征。葛兰西从日常生活实践出发，试图建立一种超越于以往唯物主义与唯心主义的、实现了理论与实践统一的“一元论”实践哲学。不仅卢卡奇、赖希、葛兰西、马尔库塞等非常强调对日常生活问题的研究，而且还形成了以列斐伏尔、科西克和赫勒为代表的日常生活学派[①]。法兰克福学派的第二代领军人物哈贝马斯就是在这样一种强调日常生活的哲学环境中成长起来的，他的交往行为理论正是以日常生活实践为基础的。哈贝马斯指出，社会批判理论的基础和价值源泉正是人们的生活世界，它是一个可直观的、可信的现实世界。他说：“生活世界构成直观现实的，因此是可信的，透明的，同时又是不容忽视的，预先论断的网。”[②] 在哈贝马斯看来，交往不仅仅指人与人之间的言语交谈，而且主要是指人际间的人文的、伦理的和社会的对话，交往不仅是一种意识形态的对话，而且主要是一种实践意义上的对话。由此可见，哈贝马斯的交往行为理论同样属于强调人们日常生活的实践哲学范式。

（2）实证主义以及分析哲学的实践转向。在哲学史上，实证主义的先驱孔德几乎同时与马克思举起了“拒斥形而上学”的旗帜。但

① 李文阁：《生成性思维：现代哲学的思维方式》，《中国社会科学》2000 年第 6 期。

② ［德］哈贝马斯：《交往与社会进化》，张博树译，重庆出版社 1993 年版，第 165 页。

与马克思不同的是，孔德“拒斥形而上学”依靠的是“经验的可证实原则”。经验验证成为实证主义（包括波普尔的证伪主义）以及其所代表的科学哲学的阿基米得点。从实证主义到历史主义，再到后来的科学社会学，科学哲学始终坚持强调实践或者经验的在科学知识中的基础性作用，并且从对于“科学中的实践”问题转向对于“实践中的科学”问题的关注①。一方面，从“科学实践”的角度去重新审视“科学哲学的合理性问题”；另一方面，“科学实践哲学”更加关注科学技术的价值和伦理问题。科学哲学的产生、发展和演变在另外一种意义上诠释着哲学的实践转向。与科学哲学实践转向密切相关的是由分析哲学家所开启的哲学语言学转向。在20世纪初，许多著名的分析哲学家，如罗素、维特根斯坦等明确提出，哲学的基本问题是语言，一切哲学问题都可以归结为语言问题。然而，高度重视从哲学层面来研究语言问题不仅是分析哲学的工作，哲学诠释学、结构主义以及符号学等不同哲学流派都不约而同地把语言问题作为哲学的主要研究对象。于是，语言学转向成为20世纪西方哲学最显著的特征之一。那么，哲学语言学转向的实质是什么呢？不管承认与否，语言本身是人在生活中所创造的，在本质上是实践和行为的结果，并且随实践的发展而不断发展。语言中的词法、命题等只有在实践中、在人们的实际生活中，才具有真正的生命力。比如，后期维特根斯坦指出，语言的意义实际上就是在“语言游戏”中生成的，而“‘语言游戏’一词是为了强调一个事实：即讲语言是一种活动的组成部分，或者一种生活形式的组成部分”②。因此，所谓的哲学语言学转向，从根本上来说，也是以实践转向为基础的。

（3）存在主义的生存论转向。与马克思哲学的实践变革相类似，存在主义哲学也极力反对专门谈论抽象的概念和本质的传统形而上学。人的存在被视为存在主义哲学全部的基础和出发点。胡塞尔的后期思想实现了从先验自我转向对生活世界的关注，在他看来，生活世界是一个前反思的、前科学的，但可以通过知觉实际地经验到的日常

---

① 邢冬梅、陈晓刚：《科学哲学的“实践转向”》，《江海学刊》2016年第1期。

② ［英］维特根斯坦：《哲学研究》，汤潮、范光棣译，三联书店1992年版，第19页。

生活世界。海德格尔更明确地以“人”这个“此在”（Desein）为基础建构起了其存在主义哲学，并将此在的研究范围限定在现实的、具体的生存活动这一范围之内。他认为，对此在的分析必须以此在的日常生存活动为起点。他说：“此在在分析之初恰恰不应在一种确定的生存活动的差别相中来被阐释，而是要在生存活动的无差别的当下情况和大多数情况中来被发现。此在的日常状态的这种无差别相并不是无，而是这种存在者的一种积极的现象性质。”[①] 在这里，海德格尔紧紧地抓住了日常现实生存活动这一出发点。在他看来，个人的存在是通过实践、劳动、交往等日常活动而实现的，感性世界是一个由日常生活来界定的境遇。这的确体现了他的生存论的实践哲学路向，以及对于传统形而上学的坚决反叛。正如我国研究者所指出的那样，海德格尔哲学和马克思哲学“都是在不同维度上对传统形而上学和理性传统的批判与颠覆，是对实践哲学传统弘扬”[②]。

（4）美国实用主义的实践转向。实用主义的英文原名“Pragmatism”一词源自于希腊文“Pragma”，原意为行为、行动。以皮尔士、詹姆士、杜威为代表的古典实用主义哲学家强调行动、实践，主张哲学应该要关注人、以人的实践生活为基础，反对一切脱离实际的形而上学思辨。在他们看来，实在是不断变化的、偶然的、暂时的，在人的生活世界中不存在永远固定不变的东西。因此，他们反对传统哲学把追求现实世界背后永恒实在和真理作为根本任务，主张哲学的任务是进行试验和探索，以确定生活和行动的方法，从而取得有利于人生的实际效果。于是，“实践”及其“实效”成为实用主义哲学的主导性原则，实用主义也因此常常被人们称之为“行动哲学”或“实践哲学”。但是，实用主义是一种带有明显的传统经验主义特色的实践哲学。对于这一点，实用主义者自己也有过明确的表述。詹姆士在谈到传统经验主义对实用主义的影响时就曾指出：“苏格拉底是用这方法的老手，亚里士多德有系统地运用了这种方法。洛克、贝克莱、休

① ［德］海德格尔：《存在与时间》，陈嘉映、王庆节译，三联书店 1999 年版，第 51 页。

② 李卓：《海德格尔实践哲学思想研究》，博士学位论文，黑龙江大学，2010 年，第 153 页。

谟用这个方法对真理作出了巨大的贡献。”① 杜威在中国的讲演中也曾多次提到培根、洛克等传统经验主义者在哲学上对他的积极影响。在《美国实用主义的发展》一文中，他明确指出，“实用主义把自身作为对历史上的经验主义的一种扩展呈现出来”②。事实上，杜威所进行的“哲学的改造”也正是从“经验”概念开始的，是对传统经验论的改造。正因如此，詹姆士把他自己的哲学称为“彻底的经验主义”，杜威则把改造后的哲学称作为“自然主义的经验主义”或者“经验的自然主义”。这些都充分说明了实用主义哲学存在着明显的传统经验主义哲学的印迹。由此可见，实用主义所强调的以实践或行动为基础，在一定意义上就是强调以经验为基础，他们的实践概念或者行动概念始终都未能超越个体的生活经验层面。尽管由于过于注重个体的生活经验而忽视社会总体的实践活动以及实践活动的规律性，最终导致实用主义在哲学总体上与马克思实践哲学存在着本质的区别，但是在拒斥形而上学、强调实践与行动等方面，实用主义的哲学运动顺应了现代西方哲学变革的时代潮流。进入20世纪50年代，随着分析哲学的兴起，古典实用主义逐渐被人们冷落。但是，20世纪70年代兴起的新实用主义者，开始反叛分析哲学并复兴了实用主义的基本精神。米德的社会行为主义、布里奇曼的操作主义以及奎因的逻辑实用主义等，都先后秉承了实用主义关注现实生活的传统，把“实践”或者“实效”作为新哲学的一个基本原则。

总而言之，马克思之后的现代西方实践哲学流派以各自特有的方式使哲学研究在不同程度上从绝对化的观念世界或抽象化的自在自然回归到人的现实生活，试图通过对现实生活的强调来变革传统理论哲学，摆脱近代以来形而上学的种种理论困境的束缚，在反对传统形而上学的过程中提出了许多有价值的思想。“在我们对马克思实践哲学进行阐释的过程中，现代西方的实践哲学具有不可低估的借鉴意义。”③ 但是，马克思之后的实践哲学与马克思哲学，不仅在立场和

① ［美］詹姆士：《实用主义》，陈羽纶、孙瑞禾译，商务印书馆1979年版，第28、29页。

② 涂纪亮编译：《杜威文选》，社会科学文献出版社2006年版，第12页。

③ 王南湜、谢永康：《论实践作为哲学的理论意蕴》，《学术月刊》2005年第12期。

价值理念方面存在着重大区别，而且即便在对于实践的本质以及现实生活的理解上也有着显著不同。就关于实践的生活视域来说，现代西方哲学家对于生活世界的理解与马克思哲学相比具有以下两个方面的不同特征：第一，在大多数现代西方哲学家看来，生活世界主要是指人们的日常生活，如衣食住行等日常消费活动、礼尚往来等日常交往活动以及包括胡思乱想、情感活动在内的日常意识活动；侧重于非反思的、非主题化的、私人化的生活领域。那种自觉的社会实践活动则很少被他们所论及。第二，大多数现代西方哲学家把人们的生活世界看作是一个随意生成的世界，适合于人的自由个性的发展，但很难找到其规律性、确定性和普遍性。这样一个充满不确定性的世界，虽然可以自由地发展，但难以找到未来的方向，虽然是一条永不停息的河流，却让人无法把握。因此，马克思之后的现代西方哲学在总体上呈现出一种相对主义的倾向。

小　　结

本章把马克思哲学与杜威哲学置回西方哲学发展的历史语境中，在从传统理论哲学到现代实践哲学大变革的背景下对两种实践哲学进行比较分析。从西方哲学发展的历程来看，马克思哲学的实践变革首次颠覆了自柏拉图以来的两千多年的西方理论哲学传统，要求哲学超越于自在的物质世界和纯粹的精神世界而关注人的现实生活，实现了哲学主题和思维方式的根本改变。让哲学回归现实生活，马克思之后的现代西方哲学从不同视角，以不同的方式在不同的程度上诠释着马克思开启的实践转向。其中，值得特别指出的是杜威的实用主义哲学。与胡塞尔哲学、海德格尔哲学等通过曲折的道路才回归到人的现实生活世界不同，与只关注语言的意义分析的分析哲学更不同，杜威哲学是直接面向人的现实生活。直面现实生活，把对现实生活的关注作为哲学的第一原则，这也使得杜威的实用主义哲学与马克思主义哲学一样成为在“五四时期”对中国的影响最为深刻的实践哲学。事实上，在“五四”前后，输入到中国的外国哲学除了马克思主义哲学与杜威的实用主义哲学之外，还有实证主义、分析哲学、生命哲学等其他众多哲学流派，著名的英国分析哲学家罗素也曾经亲自访问过中国。但相比于马克思主义哲学与杜威的实用主义哲学，实证主义、分析哲学、生命哲学等哲学流派对中国社会的影响则相当有限。产生这一现象的原因有很多，但我们认为，反对纯粹理论思辨、直面现实生活以及对当时中国社会现实的高度关注，以最直接的方式体现了现代西方实践哲学的基本精神是杜威的实用主义能与马克思主义一样在当时中国广为传播的最主要原因。

第二章　实践与行动的本体论维度

这里所说的本体论与传统形而上学中通常所使用的本体论一词有所不同。如果仍然以寻求作为世界本原的本体论思维方式去理解马克思的实践范畴，那么必然会使马克思哲学倒退至传统哲学意义上的形而上学，这显然有悖于马克思哲学变革的本来意义。这里之所以使用本体论一词主要是基于以下两点考虑：第一，在此是对实践作存在论的追问，即实践究竟是一种什么样的人类活动，实践之为实践的基本特征是什么。第二，无论是在马克思哲学中，还是在杜威哲学中，实践或者行动均具有重要的地位。实践与行动构成了两种哲学的逻辑起点，并且只有这样，我们才能以此为基础来理解两种哲学的认识论与价值论思想。虽然，马克思与杜威都未能对实践或行动下过一个明确的定义，但这并不意味着他们对于实践或行动的本质没有明确的理解，或者说他们对实践或行动本质的理解不能够为人们所解读。反而，对于实践与行动本质的考察不仅是可能的，而且是我们正确解读两种哲学实践观与行动观的基础和逻辑起点。

第一节　实践概念的历史变迁

马克思的实践概念与杜威的行动概念都是在整个西方思想文化的土壤中发展而来的，是对西方思想传统中关于实践思想的批判与继承，也是西方思想文化中不能分割的有机组成部分。杜威在关于行动与知识关系等问题的探讨中，对康德的哲学革命进行了具体而深入的分析。马克思之所以注重对于人的有目的的活动特别是生产劳动问题的研究，不仅受到了康德哲学的影响，而且也受到了亚里士多德哲学的启发[①]。因此，考察自亚里士多德以来的实践概念发展变迁的历史，从源头上对西方哲学史上的实践概念进行回顾与反思，有助于我们全面地理解马克思实践概念与杜威行动概念的深刻内涵，同时也是对马克思实践观与杜威行动观进行全面比较分析而必须首先进行的基础性工作。

一　亚里士多德的实践概念

对于实践概念的考察，最早可以追溯到古希腊时期。尽管在亚里士多德之前，柏拉图等一些古希腊先哲曾先后在其著述中使用过实践一词，并讨论过一些实践问题[②]，但是，最先赋予实践概念以哲学内涵，明确地将实践提炼为一个重要的哲学范畴则应归功于亚里士多德的卓越贡献。他在《尼各马科伦理学》《政治学》等著述中关于实践的论述成为西方实践思想研究的滥觞，开辟了实践哲学的研究之源。

亚里士多德是古希腊哲学的集大成者，他将人类行为划分为创制、实践和理论三种基本方式。亚里士多德关于人类行为方式的三分成为后来研究者考察实践概念的理论源泉。从对于人类活动的三分来看，亚里士多德关于实践概念的最根本的规定性体现在三个方面。

第一，实践是人的特有的行为，是不同于动物的本能的行为方式。从词源学来看，实践源自于古希腊文 praxis 一词。在古希腊文中，praxis 是一个非常宽泛的概念，它泛指一般有生命的东西的行为方式，有生命的东西既包括人、动物、植物，也包括上帝、众神、宇宙等。在《尼各马科伦理学》中，亚里士多德指出，感觉、理智和欲望是灵魂中主宰实践的三种最重要的因素，但是，三者之中感觉绝不是实践的开始点。因为动物虽然也有感觉，但动物却与实践无缘。[③]在《优台谟伦理学》中，亚里士多德更加明确地指出：“在动物中，

---

① 俞吾金：《重新理解马克思——对马克思哲学的基础理论和当代意义的反思》，北京师范大学出版社 2013 年版，第 17 页。

② 徐长福：《论亚里士多德的实践概念》，《吉林大学社会科学学报》2004 年第 1 期。

③ ［古希腊］亚里士多德：《尼各马科伦理学》，苗力田译，中国人民大学出版社 2003 年版，第 119 页。

只有人是某种行为的本原；因为我们不应说其他动物有行为。”[①] 由此可见，亚里士多德基本上去除了实践概念的生物学意义，在人的实践行为和动物的本能活动之间进行了区分，明确将实践规定为人类所特有的行为方式。

第二，实践是自为目的的活动。亚里士多德将实践规定为人所特有的行为方式，但是并不意味着所有的人的行为都属于实践的范畴。他认为，宇宙万物都是向善的，人的行为同样如此，但是不同的行为其目的的表现也各不相同，有时候它是活动本身，有时候它是活动之外的结果。亚里士多德在将人的行为划分为创制、实践和理论三种基本方式的同时，也指出了各种行为方式在目的指向方面的差异性。按照这种划分，创制主要是指生产活动、技术活动等，创制活动是以自身之外的东西即其所生产的产品为目的，其目的是外在的而不是在活动本身之内。由于创制活动以外在于自身的产品为目的，活动本身只是一种手段，因而创制是三种基本方式中最为低贱的活动。实践与创制不同，实践是免于从事生产劳动的人处理人与人之间关系的行动，是一种以自身为目的的活动，主要指以追求正义、善等美德的伦理行动与政治行动，比如，道德修养的目的便是道德修养本身。所以，亚里士多德认为“实践并不是创制，创制也不是实践”[②]，实践的目的在于其自身的好，创制的目的在于其产品的好。理论与创制也不同，理论的本性是求知，因而也是以自身为目的的，所以亚里士多德又习惯于把理论与实践划归为同一类活动。由此可见，亚里士多德的实践范畴主要指人与人之间的伦理行动和政治行动，并不包括生产劳动等物质性活动，从而把人与自然之间的生产和技术活动等排除在实践范畴之外。

第三，理论思辨是实践的最高形式。尽管实践和理论都是以自身为目的的行为，但是两者之间也存在着显著的差异。亚里士多德认为，实践行为虽然以自身为目的，但由于实践是政治的和伦理的活

---

① 苗力田主编：《亚里士多德全集》第 8 卷，中国人民大学出版社 1994 年版，第 367 页。

② ［古希腊］亚里士多德：《尼各马科伦理学》，苗力田译，中国人民大学出版社 2003 年版，第 122 页。

动，没有一条政治行为或者伦理行为可以普遍适用于人的一切行为。所以说实践哲学的知识只是“关于变动的城邦伦理政治生活的特殊性的知识”，不能达到人类认识的普遍性。与实践哲学的知识不同，理论哲学的知识是“关于恒常的必然性领域的普遍性的知识”①，人类可以通过理论的思辨或沉思而达到对世界的普遍性原理的认识。因此，实践哲学的知识是低于理论哲学的知识的“另一类知识”，理论知识才是“第一哲学”。“理论在最终意义上自身便是目的，故它是最高的实践。”②

从亚里士多德关于实践活动的规定我们可以看出，理论与行为同属于实践的范畴，生产活动则被排除在实践活动之外。在他那里，生产、实践、理论三种活动具有明确的等级之分。理论活动由于以自身为目的且其对象是永恒不变的，因而是最自由的活动。实践活动的对象虽然是不断变化的，但由于以自身为目的，因而是仅次于理论的自由的活动。生产活动由于以自身之外的事物为目的，因而是一种非自由的、低贱的活动，处于人类活动的最低层次。亚里士多德关于人的活动的这种划分与古希腊当时的社会现实是密切相关的。在古希腊人看来，政治活动是公民从事的活动，而生产劳动则是奴隶所从事的活动，奴隶的活动不具有人性。贬低生产劳动，而把理论看成是最高的实践，充分地体现了亚里士多德哲学与整个古希腊文化传统的一致性。令亚里士多德以及古希腊哲学家料想不到的是，在近代之后，正是创制这种在他们看来是极其卑微的活动彻底改变了世界与人的生活。但是，亚里士多德关于目的性活动与手段性活动的区分对于整个西方哲学产生了深远的影响。马克思哲学以生产劳动为基础的实践概念实现了目的性活动与手段性活动的统一，而马克思之后的西方实践哲学关于实践本质的论述几乎都是在这两者之间不停地摇摆，杜威的行动哲学为了反对普遍主义而把一切实践活动都看成是手段性的。

亚里士多德虽然开创了实践哲学之先河，但是由于把理论思辨看

① 丁立群：《理论与实践的关系：本真涵义与变质形态——从亚里士多德实践哲学说起》，《哲学动态》2012 年第 1 期。

② 张汝伦：《历史与实践》，上海人民出版社 1995 年版，第 95 页。

作是最高形式的实践，所以在哲学总体上亚里士多德哲学还是属于形而上学的理论哲学范畴。而且，在他看来，第一哲学只能是形而上学，而不是实践哲学，实践哲学只是理论哲学当中的一个分支和部门而存在。

二 康德的实践概念

亚里士多德关于人类行为的三分，把生产等创制活动排除在实践之外，在实践活动与创制活动之间划出了一道鸿沟。近代哲学从一开始便试图抹平实践与创制之间的差异，趋向于用“实践”一词来指称一切人类活动。近代哲学将生产等创制活动纳入实践范畴中来的做法，具有重要的理论价值和深远的影响，但与此同时，亚里士多德所强调的“以自身为目的”的实践概念也逐渐被哲学家们所抛弃。尤其是中世纪以后，实践概念已经被人们随意使用，它基本上可以泛指一切人类活动。康德正是在对于近代哲学随意使用实践概念的批判中提出了两种实践概念的观点。

在《判断力批判》的导论中，康德指出：“但迄今为止，在以这些术语来划分不同的原则，又以这些原则来划分哲学方面，流行着一种很大的误用：由于人们把按照自然概念的实践和按照自由概念的实践等同起来，这样就在理论哲学和实践哲学这些相同的名称下进行了一种划分，通过这种划分事实上什么也没有划分出来（因为彼此之间有相同的原理）。”① 在他看来，按照自然概念的实践与按照自由概念的实践之间存在着根本性差异：按照自然概念的实践属于现象领域，主要是指人们按照自然规律认识和改造自然的实践活动，即“技术地实践”；按照自由概念的实践属于物自体领域，主要是指人们按照道德法则处理相互之间关系的实践活动，即“道德地实践”。在这里，虽然不是很情愿，但康德还是将近代哲学所强调的生产等反映人与自然之间关系的技术活动纳入实践的范畴。不过，他坚持必须对两种实践进行严格区分，并且两种实践在地位上也不是完全平等的，其中“道德地实践”才是实践的最主要形式。在他看来，只有那种以自由

① ［德］康德：《判断力批判》上册，宗白华译，商务印书馆1964年版，第8、9页。

为基础的“道德地实践”才是真正的实践。

康德关于“技术地实践”与“道德地实践”两种实践的划分，可以说是西方哲学史上一次伟大的理论事件，具有重要的意义与影响。一方面，将亚里士多德所谓的创制活动看成是“技术地实践”，用以说明理论命题的应用，构成了理论哲学的实践部分，肯定了技术活动的重要性，在一定程度上拓宽了实践概念的基本内涵。现代技术发展的历史表明，“技术地实践”不但改变了人们的物质生活，而且也极大地影响着人们思想观念的变革。另一方面，把那种涉及人与人之间关系的自由的政治伦理活动看成是真正的实践，批判了近代哲学中对自然技术倍加推崇的功利主义，恢复和继承了亚里士多德“以自身为目的”的实践概念，重新确立了实践的自由本性。

但是，康德的实践概念同样也未能摆脱近代哲学所固有的局限性。首先，康德对于“技术地实践”与“道德地实践”两种实践进行了严格的区分，但是如何在两种截然对立的实践概念之间寻求它们的统一性是康德哲学乃至整个哲学界面临的一个重要理论难题。康德试图以“道德地实践”为基础来统一“技术地实践”，但是由于“道德地实践”被严格地固定在本体世界，而“技术地实践”则完全局限于现象世界，本体世界与现象世界的严格区分使得康德的统一工作收效甚微。正如我国学者俞吾金教授所说：“虽然康德力图运用反思判断力和目的论来统一感性与超感性、自然与自由、理论哲学与实践哲学、‘技术地实践的’活动与‘道德地实践的’活动、‘遵循自然概念的实践’与‘遵循自由概念的实践’，然而，在他那里，现象与物自体之间的鸿沟是如此之深，以致这个统一工作收效甚微。”① 因此，这种统一工作最后只能留给马克思哲学来完成。其次，在康德看来，真正的实践是“道德地实践”，“道德地实践”是以自由为基础的实践，而自由不是基于感性条件，而是基于超感性的原理，即以先验的道德法则为基础。因此，在康德那里，真正的实践不是感性的现实的活动，而是一种意志活动，他的实践哲学在本质上来说也只是一

① 俞吾金：《一个被遮蔽了的“康德问题”——康德对“两种实践”的区分及其当代意义》，《复旦学报》（社会科学版）2003 年第 1 期。

种先验的理论哲学。

三 黑格尔的实践概念

亚里士多德将实践视为与生产劳动相对立的概念，康德勉强接受了近代哲学将生产劳动等技术性活动纳入实践范畴的观点，但是他仍然将“道德地实践”视为真正的实践活动，并且在现象与物自体截然二分的基础上提出了“技术地实践”与“道德地实践”的二元对立问题。黑格尔试图用他的辩证法取消道德领域的实践与技术领域的实践的二元划分，以绝对精神为基础将两种实践活动统一起来，并且将劳动看作是实践的主要形式。黑格尔的劳动概念实际上是对于实践概念的具体化，他正是通过对于劳动概念的阐发而揭示出实践的本质。正如德国学者柏耶尔所说：“我们今天，在黑格尔的‘实践’这一问题领域里可以采取‘实践’的方式行动，把作为黑格尔的‘实践’的特殊形式的劳动概念，当作黑格尔的观点的代表来进行考察。因为实践的基本形式是‘劳动’。在劳动这个向度里，实践具体地显现着自己。”[①] 因此，我们可以通过主要考察黑格尔的劳动概念来理解他的实践概念。在黑格尔的著述中，专门论述劳动与实践的篇幅不是很多，但其中较为频繁地使用了劳动、实践、行动等词，流露出许多反映劳动作为实践本质的哲学思想。黑格尔对于实践概念的规定主要体现在以下几个方面。

第一，实践是人的本质性活动。早在《精神现象学》中，黑格尔通过对于“主奴关系”的考察就已经认识到，劳动形成了人的品性，劳动是人的本质的确证。他说：“正是在劳动里（虽说在劳动里似乎仅仅体现异己者的意向），奴隶通过自己再重新发现自己的过程，才意识到他自己固有的意向。——在这自己返回自己的过程中，两个环节：恐惧的环节和一般服务以及陶冶事物的环节是必要的，并且同时两个环节必须以普遍的方式出现。”“在陶冶事物的劳动中则自为存在成为他自己固有的了，他并且开始意识到他本身是自在自为地存在

① ［德］柏耶尔：《黑格尔的实践概念》，载《国外黑格尔哲学新论》，中国社会科学出版社1982年版，第6页。

着的。”[①] 这说明人只有在劳动过程中才能产生真正的自我意识，才能真正成为命运的主人，即成为一个自由、自主的人。由此，黑格尔得出实践是人的本质的命题，“人的真正的存在是他的行为”[②]。

第二，实践是人的目的性活动。目的性一直被黑格尔视为人类实践活动的本质规定性之一。黑格尔认为，人与动物最大的区别在于人有理性和思想，而动物没有，人类实践活动是在理性指导下进行的有目的性的行动，这也是人类实践活动不同于动物本能活动的最显著特征。他说：“人类自身具有目的，就是因为他自身中具有‘神圣’的东西，——那便是我们从开始就称做‘理性’的东西；又从它的活动和自决的力量，称做‘自由’。”[③] 在这里，黑格尔不仅明确地把目的性视为人类实践的本质特性，而且进一步指出了自由是人类实践的根本性特征。这也就是说，实践是在理性指导下的自由的活动。

第三，实践是一种中介活动。在亚里士多德那里，作为目的性的伦理实践与仅仅作为手段的生产劳动是两相分离的，黑格尔将目的性活动与手段性活动统一了起来，只是这种统一的方法是其精神辩证法。黑格尔指出目的性是人类实践的本质特征，同时他又强调实践是一种中介活动。在黑格尔哲学中，实践作为一种中介活动包括以下两层含义：一是实践活动必须借助于手段或工具；二是实践本身就是一种手段和工具。在前一种意义上，黑格尔认为，实践是一种以客体为手段作用于对象的活动，使用工具是人类实践的基本特征。在《精神现象学》中，黑格尔就分析了人类实践活动的三个基本环节，即“目的”、“达取目的的手段”以及“创造出来的现实”[④]。其中，手段是实践的中心环节，抛弃手段就不可能实现目的。他还通过逻辑推理来分析手段在实践中的重要地位，他说：“目的通过手段与客观性结合，并且在客观性中与自身相结合。手段是推论的

---

① ［德］黑格尔：《精神现象学》上卷，贺麟、王玖兴译，商务印书馆1979年版，第131页。

② 同上书，第213页。

③ ［德］黑格尔：《历史哲学》，王造时译，上海书店出版社2001年版，第34页。

④ ［德］黑格尔：《精神现象学》上卷，贺麟、王玖兴译，商务印书馆1979年版，第264页。

中项。目的为了它的实现，需要手段，因为目的是有限的”[①]。在这里，黑格尔指出了手段对于目的实现的重要作用，进而他又提出了手段高于目的思想。他说：“手段是一个比外在合目的性的有限目的更高的东西；——犁是比由所制造的、作为目的的、直接的享受更尊贵些。”[②] 在后一种意义上，黑格尔认为，实践是主体性与客观性统一的中介。在《法哲学原理》中，黑格尔指出，主观需要可以并且只能通过劳动来达到其客观性。他说，主观需要的满足只能“通过活动和劳动，这是主观性和客观性的中介”[③]。在黑格尔看来，将实践视为手段、工具，并不意味着是对实践的贬抑。通过分析我们可以发现，黑格尔关于劳动手段的重要价值的论述与马克思将劳动工具看作是社会生产力进步重要标志的思想之间存在着紧密的内在联系，黑格尔珍视手段、强调手段高于目的思想又与杜威的工具主义思想有某种本质的相似之处。

第四，实践是人的社会性活动。在《耶拿实在哲学》中，黑格尔指出：“每一个人收获的内容或成果超出他自己的需要，他为多数人的需要而劳动。每个人因此满足了多数人的需要，而他自己的许多特殊需要又是许多他人的劳动成果。”[④] 在这里，黑格尔关于“劳动分工”的思想已经表明了他对于劳动的社会性的认识和重视。在《精神现象学》和《法哲学原理》中，黑格尔关于市民社会的“需要体系”的阐述更加明确地体现了劳动是人的社会性活动的观点。他说：“我必须配合着别人而行动……我既从别人那里取得满足的手段，我就得接受别人的意见，而同时我也不得不生产满足别人的手段。于是彼此配合，相互联系，一切各别的东西就这样成为社会的。”[⑤] 在这里，他将劳动看作是满足主观需要的必要手段，并指出主观需要的满足是以劳动的社会性为前提的。因此，在黑格尔看来，实践是人的社会性活动。

---

① ［德］黑格尔：《逻辑学》下卷，杨一之译，商务印书馆 1976 年版，第 433 页。

② 同上书，第 438 页。

③ ［德］黑格尔：《法哲学原理》，范扬、张企泰译，商务印书馆 1982 年版，第 204 页。

④ 贺麟：《黑格尔哲学讲演集》，上海人民出版社 1986 年版，第 40 页。

⑤ ［德］黑格尔：《法哲学原理》，范扬、张企泰译，商务印书馆 1982 年版，第 207 页。

黑格尔是德国古典哲学的集大成者，他运用唯心主义辩证法力图克服近代形而上学的主客二元对立，形成了其唯心主义实践观，他将劳动提炼为哲学的实践概念，并通过对于劳动这种具体实践活动的考察，深刻地揭示了实践形成人的本质、实践是目的性与手段性的统一、实践具有社会性等多个方面的本质。这是对近代以来实践思想的总结和发展，对于其后的马克思实践唯物主义哲学的形成产生了重要影响。正因如此，我国学者把黑格尔的实践观看作是马克思的“实践唯物主义的萌芽”[①]。然而，黑格尔对于实践本质的把握都是从“绝对理念”出发的，生产劳动等一切实践活动都只是绝对理念的现实展现，都是概念的外化，尽管他所论述的劳动也包括以生产工具为中介的物质性生产活动。因此，黑格尔关于实践本质的论述仍然是思辨的，在他那里实践仍然只是精神的显现形式。正如马克思所评价的那样，黑格尔“抓住了劳动的本质，把对象性的人、现实的因而是真正的人理解为他自己的劳动的结果”，但“黑格尔唯一知道并承认的劳动是抽象的精神的劳动”[②]。

第二节　回归生活的实践与行动概念

无论康德、黑格尔把实践概念看得多么重要，但从根本上来看，他们都是在精神范围内谈论实践的本质，都是将理性视作为人的本质，而不是将实践看作人的现实活动、把真正的现实的实践活动看作是人的本质活动，因此，他们的实践观在本质上是一种抽象的实践观，他们的哲学在总体上属于思辨的理论哲学体系。让实践概念回归生活世界，让哲学关注人的现实生活，以实践与行动颠覆传统形而上学、“改变世界”是由马克思哲学变革的重要价值诉求。在马克思之后，虽然杜威的哲学改造也强调以实践或行动为中心，把实践理解为主体与客体的相互作用、理解为主体改造和适应环境的行动，强调实

---

① 欧阳康、张明仓：《实践唯物主义的萌芽：黑格尔实践观及其意义》，《江海学刊》2008 年第 5 期。

② 《马克思恩格斯全集》第 42 卷，人民出版社 1979 年版，第 163 页。

践、行动、经验是与现实生活相同层次的范畴，表现出与传统理论哲学实践观的彻底决裂，但是，对于实践与行动的诠释，马克思哲学与杜威哲学之间又存在着本质区别，即马克思哲学把实践理解为人类改造现实世界的对象性活动，杜威把实践解释为有机体适应环境的行动。正是由于对实践与行动本质的不同理解，最终导致了马克思哲学与杜威哲学在理论整体上的分野。

一　人类改造现实世界的对象化活动

在马克思哲学中，实践具有极其重要的地位。但是，在马克思的著述中，马克思从来没有对实践概念进行过明确的界定。这无疑增加了我们对于马克思实践概念理解的难度。如何界定实践的本质成为我国马克思哲学研究的焦点，学者们通过各种不同的实践定义来表达他们对于马克思实践概念的本质的不同理解。根据肖前等编著的《实践唯物主义研究》一书的统计，到20世纪末，在我国哲学界，“散见在各种哲学书籍、论文中的实践‘定义’，有50余种”[①]。其中，较为典型的实践概念有：“实践是人们对客观世界的改造活动”“实践是人们有目的、有计划、自觉地改造世界的活动”“实践是主观见之于客观的社会活动”“实践是主体和客体之间的一种实际的相互作用”等。该书的作者在对这些实践定义进行分析之后，认为应该将马克思的实践概念解释为“主体和客体的双向对象化”。[②] 我们认为，所有这些对实践的界定均从不同的视角在一定程度上揭示出马克思实践概念的本质。但是，似乎又都存在着一定的缺陷，比如，“实践是人们有目的、有计划、自觉地改造世界的活动”体现出主体的能动性，但又遮蔽了客体的反作用，“主体和客体的双向对象化”虽然强调了主体与客体之间的双向互动，但又不足以体现出马克思实践概念与实用主义等现代西方哲学的实践概念的本质区别，因为以杜威为代表的一些西方现代哲学家同样把实践理解为主体与客体的相互作用。因此，在我们看来，马克思的实践概念可以表述为：实践是人类改造现实世

① 肖前等：《实践唯物主义研究》，中国人民大学出版社1996年版，第142页。
② 同上书，第142、143页。

界的对象化活动。关于马克思实践概念的这种表述，包含着以下三层含义。

第一，实践是人类所特有的能动性活动。马克思在关于实践的论述中，明确地区分了人类的实践活动与动物的本能活动。在马克思看来，人与动物等其他自然存在物有着本质的区别，“人不仅仅是自然存在物，而且是人的自然存在物，……是类存在物。”[①] 因而，人的实践与动物的活动也存在着本质区别，动物的生产与它的生命活动是直接同一的，而人的实践活动则是一种“自由的自觉的活动”[②]。马克思认为，人类可以发挥自己的主观能动性，去认识世界，发现事物发展的客观规律，并能按照客观规律有计划、自觉地来改造世界。目的与计划贯穿于人的活动各个环节之中，实践中处处表现出人的能动的意识性。所以，马克思认为，人的“有意识的存在物”，“有意识的生命活动把人同动物的生命活动直接区别开来”[③]。正如恩格斯所指出：“动物仅仅利用外部自然界，单纯地以自己的存在来使自然界改变；而人则通过他所作出的改变来使自然界为自己的目的服务，来支配自然界。这便是人同其他动物的最后的本质的区别。”[④]

第二，实践是一种现实性活动。在马克思那里，实践是现实的人改造现实世界的活动，它使观念变为现实，是一种高于理论思考的现实性活动。现实性或实在性是实践的本质特性，是区别于传统形而上学的抽象实践概念的重要标志。马克思指出：“人和自然界的实在性，即人对人说来作为自然界的存在以及自然界对人说来作为人的存在，已经变成实践的、可以通过感觉直观的，所以，关于某种异己的存在物、关于凌驾于自然界和人之上的存在物的问题，即包含着对自然界和人的非实在性的承认的问题，在实践上已经成为不可能的了。”[⑤] 在这里，马克思以实践来说明人与自然界的感觉直观性和客观实在性，从而也论证了实践活动本身的感觉直观性和客观实在性，即实践

① 《马克思恩格斯全集》第 42 卷，人民出版社 1979 年版，第 169 页。
② 同上书，第 96 页。
③ 同上。
④ 《马克思恩格斯全集》第 20 卷，人民出版社 1973 年版，第 518 页。
⑤ 《马克思恩格斯全集》第 42 卷，人民出版社 1979 年版，第 131 页。

活动的现实性。“凌驾于自然界和人之上的存在物”，在此主要是指传统哲学构造出来作为其理论基点的抽象概念，马克思通过对于实践现实性的强调实现了对传统哲学超验的抽象概念的彻底否定和超越，让实践真正回归到现实生活的本真意义。因此，在很多著述中，马克思也常常将“现实的活动”“感性的活动”与“实践”并列表述。与亚里士多德把人类行为分为创制、伦理活动和理论活动，进而将理论活动视为最高形式的实践、将创制排除在实践活动之外不同，马克思从现实的物质生产活动出发，认为理论活动、精神活动等一切人类活动都可以得到具体的理解，理论只不过是生产领域的抽象。

第三，实践是一种双向对象化活动。这里所说的对象化活动不仅只突出了实践主体的对象化和能动性，而且也强调客体的对象化，指主体与客体的双向对象化活动。在马克思那里，实践活动是指主体与客体的相互作用。马克思指出：“环境的改变和人的活动或自我改变的一致，只能被看作是并合理地理解为革命的实践。”① 在实践活动中，“人创造环境，同样，环境也创造人”②。这里，马克思实际上已经指出，实践活动是一个“主体的客体化”和“客体的主体化”的双向互动过程。

二　有机体与环境之间的相互作用

杜威始终强调他的实用主义哲学是对传统经验主义哲学的扩展和改造。杜威关于行动或实践本质的论述与他对于经验概念的理解基本上是一致的。杜威认为，他的自然经验主义哲学与传统经验主义哲学之间的根本区别就在于对经验概念的不同理解。

在传统哲学看来，经验主要指人的认识，指人的感官知觉。与传统哲学不同，杜威认为，经验不只是知识、认识，它更是行动、生活，它“不是把人和自然界隔绝开来的帐幕；它是继续不断地深入自然的心脏的一种途径”③。具体来说，“‘经验’是一个詹姆士所谓具

① 《马克思恩格斯选集》第1卷，人民出版社1995年版，第55页。

② 同上书，第92页。

③ ［美］杜威：《经验与自然》，傅统先译，江苏教育出版社2005年版，第2页。

有两套意义的字眼，好像它的同类语‘生活’和‘历史’一样，它不仅包括人们做些什么和遭遇些什么，他们追求些什么，爱些什么，相信和坚持些什么，而且也包括人们是怎样活动和怎样受到反响的，他们怎样操作和遭遇，他们怎样渴望和享受，以及他们观看、信仰和想象的方式——简言之，能经验的过程。‘经验’指开垦过的土地，种下的种子，收获的成果以及日夜、春秋、干湿、冷热等等变化，这些为人们所观察、畏惧、渴望的东西；它也指这个种植和收割、工作和欣快、希望、畏惧、计划，求助于魔术或化学、垂头丧气或欢欣鼓舞的人。它之所以是具有‘两套意义’的，这是由于它在其基本的统一之中不承认在动作与材料、主观与客观之间有何区别，但认为在一个不可分析的整体中包括着它们两个方面”①。在这里，杜威把经验定义为一个包含了“主观与客观”等两套意义的兼蓄并包的统一体。经验是一种包含主客体两方面在内的与生活、实践、行动一样的“同类语”，或者说，经验就是指主体与客体之间的相互作用。经验是一个具有连续性的活动，既包括概念、推理等认识形式，也包括感性知觉与动作。按照经验的连续性原则，主体与客体、人与自然、动作与材料等都统一于经验概念之中。由此可见，杜威的经验概念是一个极为宽泛而且含混的概念，而他对于实践、行动概念的解释也同样是宽泛与含混的。

现代科学的发展是杜威实践哲学的现实基础，以科学来改造哲学，将科学方法应用到哲学当中是杜威哲学最显著的特征之一。杜威对人的行动与实践活动的解释就是以当时科学发展的最新成果——生物学与行为主义心理学为科学依据的。他认为，生物进化论的核心观点可以归纳为“物竞天择适者生存”，再简单一点就是“适应环境”，行为主义心理学则主要是依照“刺激—反应”的公式来研究人与动物的活动的。按照生物学与心理学的理论，杜威对实践的本质进行了独特的阐释，将人的实践理解为有机体适应环境的行为。

按照经验的连续性原则，杜威认为人与自然是连续体，人作为一种自然物，是自然的一部分，他说：“人，包括他的全部认知，应当

① ［美］杜威：《经验与自然》，傅统先译，江苏教育出版社2005年版，第8页。

作为一个自然世界中的‘自然的’东西被考察。”[①] 具体来说，人与其他生物有机体一样，都属于自然界的一部分。因此，他认为：“人：作为有机体”；“人的行动：作为有机体——环境的事情。”[②] 在这里，杜威在生物学的意义上将人等同于生物有机体，从行为主义心理学出发将人的行动解释为有机体对环境的刺激和反应。简而言之，人的实践、行动就是有机体与环境之间的相互作用。

对人作出自然主义解释，把人看作有机体，看作自然界的一部分，确实使得杜威哲学与超自然的神秘主义以及神学区分了开来，但是把人等同于生物有机体必定会否认人的社会性，必定会将人的实践等同为有机体适应环境的行为，那么，人的实践活动、人改变环境的行动与其他生物有机体的行为是否完全一致？两者之间的区别到底在哪里呢？杜威认为，有机体对环境的适应不是单向度的、完全被动的，它也按照自己身体构造的繁简向着环境动作。生命的形式愈高，对于环境的主动改造就愈重要。人是自然界其他低级生物的连续体，但比其他生物体更高级。在人与环境的关系中，人不是静静地站着等待着事情的发生，而是根据自己的意愿主动对周围的环境发挥作用，使环境适合人的要求。在这里，杜威从其经验的连续体观念出发，将自然界的低级生物到人的出现看成是一个连续的过程，否认其间的中断、质变和飞跃。因此，他将人等同于生物有机体，认为人的行为除了比其他生物有机体适应环境的活动更高级以外，两者并无本质区别。这种将人等同于生物有机体，否认人与动物在生理上和文化上的根本区别，将人的行动理解为一种生物性的适应行为的观点的确存在着一定的局限性。杜威对达尔文生物进化论的理解只能说是一种庸俗进化论。他按照达尔文生物进化论关于人与自然是连续的、人是自然的一部分的观点，以连续性原则来解释经验，又以连续性的经验为基础来解释人的实践与行动，只看见了从自然生物到人之间的连续性，而没有看见从动物到人之间的质变，因而不能理解生产劳动使人从动

① ［美］杜威、班特里：《认知与所知》，载《资产阶级哲学资料选辑》第十一辑，上海人民出版社 1965 年版，第 71 页。

② 同上书，第 76 页。

物中分离出来的巨大变革。

实践、行动是作为有机体的人与环境的相互作用，是“凭借身体，使用器械工具而进行的而且是导向物质事物的”①。在这里，杜威实质上把劳动看作是人与环境相互作用的一种重要形式。对此，Steve Shuklian 评价说：“杜威与马克思一样，都没有把劳动看作是低下的活动，而是肯定了是人的劳动以及劳动的创造推动了人类历史的进步。”② 与亚里士多德相反，与马克思相似，杜威在这里也主张将人的日常劳动等传统哲学中被看作是卑微的活动纳入实践的范畴中来，并肯定了劳动的历史作用，确实具有一定的合理性。但是，把人的实践看作是与动物本能行为没有本质区别的活动，这似乎回到了亚里士多德之前人们对于实践本质的过于宽泛的理解。此外，从生理上、心理上来解释人的行动与实践，把人的行动与实践理解为一种生物性的适应行为，必定会导致将实践概念片面地理解为个体的行动。

第三节　实践与行动的基本形式

虽然马克思哲学和杜威哲学都把实践与行动看作是主体与客体的相互作用，但对实践主体的理解，两种哲学之间又存在着明显的差异。在马克思那里，实践是人类改造世界的社会历史活动，作为实践的主体的人是社会学意义上的群体的人。尽管马克思也承认实践的主体是个人，但是这种个人决不仅仅是指生物学意义上的个人，不是指孤立的个体，而是指在现实生活中与他人发生着各种各样关系的社会人。在马克思看来，生产劳动是人类社会和历史的基础，因而也是人类实践活动的最基本形式。杜威把实践与行动解释为有机体适应环境的行为，虽然在他这里，作为行动主体的有机体也是指人，并且他也谈论个人与社会的关系，但是他按照经验的连续性原则把人看作是比其他生物有机体更为高级的连续体，在一定程度上忽视了社会人与动

---

① ［美］杜威：《确定性的寻求》，傅统先译，上海人民出版社 2004 年版，第 3 页。

② Steve Shuklian, “Marx, Dewey, and the instrumentalist approach to political economy” *Journal of Economic Issues*, Vol. 29, No. 3, Sep 1995.

物之间的异质性。因此，作为行动主体的人只是比其他生物有机体更加高级的生物个体。从人适应环境的效果来看，杜威认为科学实验是人类最为典型、最为有效的行为模式。

一 社会生产劳动

马克思在对旧唯物主义以及唯心主义的批判中，把实践的本质解释为现实的人改造现实世界的对象化活动，同时也正是在对传统哲学的批判中揭示出了作为实践主体的人的本质。德国传统哲学通过意识、想象的东西来理解人，“从口头说的、思考出来的、设想出来的、想象出来的人出发，去理解有血有肉的人”[①]，从而把人的本质归结为某种固有的抽象物。与之相反，马克思哲学的出发点是“从事实际活动的人”。在马克思看来，“从事实际活动的人”“不是处在某种虚幻的离群索居和固定不变状态中的人，而是处在现实的、可以通过经验观察到的、在一定条件下进行的发展过程中的人”[②]。也就是说，“从事实际活动的人”不再仅仅是个人肉体的存在，而是处于一定的社会条件和社会关系之中。就人的物质生产活动来说，人对于自然界的改造是在人们结合成为一定的社会关系中，以社会形式来共同进行的。单个的人往往很难战胜强大的自然力量，因此，只有在社会关系中结合成为一个有机的整体，形成超越于孤立个体的社会力量，才能战胜和改造自然。生产劳动作为群体性的活动不同于动物的群居活动，动物的群居活动是其生理本能结构的产物，而人的群体活动是人们自觉联合的结果，孤立的个体的活动并不能形成一种生产方式。因此，马克思指出，“人的本质不是单个人所固有的抽象物，在其现实性上，它是一切社会关系的总和”[③]。由此可见，在马克思那里，实践的主体不仅仅是生物学意义上的个体的人，更主要的是社会学意义上群体的“现实的人”。

实践作为人的本质性活动，不能只视为是个人意志、愿望和力量

① 《马克思恩格斯选集》第1卷，人民出版社1995年版，第73页。
② 同上。
③ 同上书，第56页。

的体现，还应该是社会意志、愿望和力量的体现。“改变世界”是马克思哲学变革最鲜明的旗帜，是马克思实践唯物主义最显著的特征。作为改变世界的实践绝不会是孤立个人的单独行动，它具有深广的内容和明确的价值取向，其最高形式是以“现实的普遍利益”作为立足点的无产阶级领导的广大人民群众的实践，只有这样一种实践才能实现人的自由全面发展和人类解放的共同理想。所以，马克思说：“历史活动是群众的事业，随着历史活动的深入，必将是群众队伍的扩大。”[①] 由此可见，作为改变世界的历史活动的实践主体的人，既不是黑格尔哲学中那种抽象的精神运动的主体，也不是费尔巴哈哲学中的“抽象的人”。马克思指出，费尔巴哈“仅仅把理论的活动看作是真正人的活动，而对于实践则只是从它的卑污的犹太人的表现形式去理解和确定。因此，他不了解‘革命的’、‘实践批判的’活动的意义”[②]。在马克思看来，实践不能仅仅被理解为个体的维持生存的或谋取一己私利的活动，实践更为重要的是一种有组织的社会活动。因此，“把马克思实践概念思辨化或实证化，把它归结为个人的经验积累，把实践过程归结为个人根据经验事实进行摸索的过程，是无法理解和把握马克思的实践观的”[③]。马克思哲学强调实践虽然在表现形式上有时也以个体的方式进行，但是这种个体的实践也是个体与整个社会发展的根本联结点。每个个体正是通过自己的实践活动参与到整个社会发展中去，既推动了社会的发展也实现了自身的发展。

人类社会实践活动的形式多种多样，与亚里士多德对于人的活动三分法相类似，在马克思哲学中，人的社会实践活动也可以分为物质生产活动、政治活动以及精神活动三种基本形式。但与亚里士多德不同的是，在马克思看来，最基本的社会实践活动就是现实的人改造自然的生产劳动。生产劳动是人类获取物质生活资料的活动，因而也是决定其他一切活动的始源性活动。生产劳动作为人类最基本的实践活动不仅生产出人们生活所必需的劳动产品，而且同时也生产着人与人

---

① 《马克思恩格斯全集》第 2 卷，人民出版社 1957 年版，第 104 页。
② 《马克思恩格斯选集》第 1 卷，人民出版社 1995 年版，第 54 页。
③ 王仕民：《简论马克思的实践范畴》，《哲学研究》2008 年第 7 期。

之间的社会关系，人类通过劳动创造了属于自己的人类世界，创造了自己的历史。人们在劳动过程中结成生产关系，诸如劳动资料的占有和使用的关系，劳动的分工和协作的关系，劳动产品的交换、分配与消费的关系等。这种物质资料生产的社会形式，作为最基本的、原始的生产关系，决定着人们之间其他的一切政治和思想的社会关系。概而言之，人们所从事的生产实践活动是社会关系形成的基础，并推动着人类社会的发展，使社会从一种社会形态进化为另一种社会形态，整个人类社会的历史是通过人的实践活动而不断向前发展的历史。所以，恩格斯强调他们正是“在劳动发展史中找到了理解全部社会史的锁钥”①。

二　个体实验探究

杜威以生物学和心理学为基础来考察人的实践活动，把人的行动理解为一种生物学意义上的有机体适应环境的行为，忽视了人与人类行动的社会性，从而导致将实践理解为个体的行动。虽然他肯定了人是实践活动的主体，也没有将人与其他动物等同起来，但却忽视了人与其他动物区别开来的最本质的特征，即社会性。尽管杜威也经常谈论个人与社会的关系，然而，他所理解的社会只是一个“集合名词”，他说：“‘社会’若不是一个抽象名词，就是集合名词”②。作为一个集合名词，社会指“处在彼此之间的联系中的许多个人”③，“它包括人们由合群而共同享受经验和建立共同利益和目的的一切方式，如流氓群、强盗帮、徒党、社团、职工组合、股份公司、村落、国际同盟等。而新方法的效力在于拿特殊的、可变的、相对的（与命题和目的相对、非形而上的相对）的研究去替换一般概念的矜持摆弄。”④社会是具体的、联合起来的个人，除此之外，没有“一般的社会”，考察作为整体概念或者一般概念的“社会”不会取得任何实际的效

---

① 《马克思恩格斯选集》第4卷，人民出版社1995年版，第258页。

② 哲学研究编辑部编：《资产阶级哲学资料选辑》第八辑，上海人民出版社1966年版，第157页。

③ 同上。

④ ［美］杜威：《哲学的改造》，许崇清译，商务印书馆2004年版，第118页。

果。因此，虽然也关注社会以及社会对个人的影响，但是，从根本上来说，杜威由于把社会看作是个人活动的无序总和而非一个由个人组成的有机整体，从而把实践的主体视为生物有机体的个人。无论是考察社会历史，还是研究人的生存，杜威哲学的出发点都是个体的行动。在杜威的著述中，虽然他不像詹姆士那样赤裸裸地谈论个人行动的成败，但是大部分情况下他都是在个体操作的意义上来使用行动、实践、科学实验等词的。如果只是从个体层面上来考察人的实践活动，那么，一切行动都是实验性的。

仅仅从个体的生活经验层面上来考察社会、否认“一般社会”、否认社会有机联系的整体性，也就意味着人类社会的发展毫无规律可循。杜威把人的生活环境看作是一个不断变化的、充满着不确定性的风险世界。虽然，杜威也承认“存在是动荡的和稳定的”，但这种“动荡”和“稳定”在生活世界中是不能分解的混合着，他说：“我们是生活在这样一个世界之中，它既有充沛、完整、条理、使得预见和控制成为可能的反复规律性，又有独特、模糊、不确定的可能性以及后果尚未决定的种种进程，而这两个方面（在这个世界中）乃是深刻地和不可抗拒地掺杂在一起的。”① 与关于“经验”的论述相一致，杜威把确定性与不确定性看成是生活世界的不可分割的两个方面。在他看来，生活世界的稳定性总是与不安定、不可预料和有危险性“深刻地掺杂在一起的”而不可分离。因此，人们感觉自己生活在一个碰运气的世界，生活就像在进行一场赌博，人的实践活动充满了不确定性。在这里，我们看到，杜威关于生活世界的论述并没能保持逻辑上的一致性，他承认了人的活动的外部世界是确定性和不确定性的统一，却又否认了人的活动有确定性的一面，即有客观规律可循的一面，仅仅突出其不确定性的一面，同时他又否认人有对外部世界的确定性和不确定性加以分析的能力。从生活世界的实际情况来看，人们所从事的日常活动大多数是常规性的、例行性的，而不全是赌博性的。杜威在这里是以科学实验和市场经济的风险性为蓝本来分析日常生活，并且将它作为生活的全部情形予以夸大。

---

① ［美］杜威：《经验与自然》，傅统先译，江苏教育出版社 2005 年版，第 32 页。

如何在这个充满危险的世界中求得安全，杜威认为只能通过人的行动。但盲目的行动是不会取得任何实际的效果的，人的行动必须要依靠理智的反省，以弄清所面临的情境的基本状况与条件，从而设计出解决问题的方案。不过，所设计的行动方案在行动结果得到检验之前，都只能看作是假设。而且，行动方案在行动中得到验证的时候也意味着这次行动已经结束了，从而所得到的结果只能作为下次行动的假设而存在，同样是不确定的。因此，所有的行动自始至终都是实验性的，都是不确定的。“实践活动有一个内在而不能排除的显著特征，那就是与它俱在的不确定性……关于所作行动的判断和信仰都不能超过不确定的概率。”① 也就是说，一切行动都是探究行动。

杜威认为，在现代科学中，理智的反省与外表的行动始终是结合在一起的，所以科学探究是最典型，也最有效的人类行动模式。“这种实验探究表现出三个突出的特征”：第一，“一切实验都包括有外表的行动，明确地改变环境或改变我们和环境的关系”。第二，“实验并不是一种杂乱无章的活动，而是在观念指导之下的活动，而这些观念要符合于引起积极探究活动的问题所需要的条件”。第三，“在指导下的活动所得到的结果构成了一个新的经验情境而这些情境中对象之间彼此产生了不同的关系，并且在指导下从事活动的后果形成了具有被认知的特性的对象。”② 在杜威看来，现代科学并不是某种确定的不变的知识结论，而是人们解决生活中问题的行动和方法，是一种经验的、实验的科学，其最显著的特征就在于它的经验性与实验性。“现代科学的骄傲在于它具有显然经验的和实验的特性”③。在这里，杜威所说的经验的和实验的实际上都是指“实验性的经验”。“实验性的经验”不同于传统哲学对于经验的理解，传统把经验看作是既成事实的集合，而“实验性的经验”是一种面向未来的经验，它受人们对于条件及其后果的理解所指导，因而也是一种理性的、科学的经验。杜威认为：“科学是一个系统化的知识体系。……‘系统

① ［美］杜威：《确定性的寻求》，傅统先译，上海人民出版社2004年版，第4页。
② 同上书，第83、84页。
③ ［美］杜威：《人的问题》，傅统先、邱椿译，上海人民出版社2006年版，第187页。

化的知识体系'这一术语可以作不同的理解。它可以指内在地寓于整理好的事实中的属性，而不包括使事实确定为事实的方式以及整理事实的方式。或则，它可以指观察、描述、比较、推理、试验以及测试等理智活动，这些活动在获得事实并把它们转化成连贯的形式时是必不可少的。这一术语应能包括上述两层意思。但既然整理组合的静止属性取决于前期的动态过程，澄清这种依赖性就十分必要了。在使用'科学的'这一术语时，我们必须首先强调方法，然后参照方法强调结果。"① 这也就是说，科学首先是一种方法、一种实验探究行动。

在杜威看来，哲学改造的真正目的不是为了建立一套完善的理论体系，而是为了把科学实验探究推广成为人类行动的主要模式。杜威希望把科学实验的方法和模式推广到社会问题的研究中去，使之成为一种普遍适用行动方法。人们能够以实验主义的态度和方法，以科学实验的方法来解决人们在生活中所面临的一切问题。因此，杜威认为，整个哲学的根本任务就是改造哲学、改造道德、改造社会、改造教育等，其中最为重要的事情就是要改造教育。在他看来，只有通过教育，社会才能最有成效地为个人提供对未来变化的时代作出有效反应的各种能力。教育的一个根本任务就是让要人们独立思考，运用科学方法解决当前紧迫的具体问题。

第四节　实践与行动的运行机制

"全部社会生活在本质上是实践的。"② 马克思把生产劳动看作是最基本的实践活动，把生产实践看作是人类社会历史发展的动力和基础。从生产实践这一基本实践活动出发，马克思分析了人类社会实践活动的总体运行机制，揭示了人类社会发展的基本规律。杜威由于片面地强调外部世界的不确定性，否定人类社会发展的规律性，从而把人的实践与行动视为个体的实验探究行为。否认社会生活的规律性而

① ［美］杜威：《新旧个人主义——杜威文选》，孙有中等译，上海社会科学院出版社1997年版，第167页。

② 《马克思恩格斯选集》第1卷，人民出版社1995年版，第56页。

将人的实践活动归结为实验探究行动具有很大的片面性，但是他所提出的个体实验探究行动机制对于人们在具体行动中处理生活中的具体问题来说，还是具有一定的借鉴意义。

一 社会实践活动的运行机制

马克思把物质生产活动看作是人类实践活动的最根本形式，是人类的“第一个历史活动”。对于物质生产活动的充分肯定和强调，既是对自亚里士多德以来的实践概念演变的扬弃与创新，也是马克思哲学与其他现代西方哲学区别开来的重要标志。亚里士多德把人的活动分为理论、实践和创制（即生产）三种基本形式，其中，理论活动是人类活动的最根本形式，是高贵的“第一活动”，创制等低贱的生产活动则被排除在实践活动之外。历史上很长一段时间里，生产劳动“总是与令人难以忍受的‘辛劳和烦恼’，与努力和痛苦，结果也与身体的畸形联系在一起，所以唯有极端的悲惨和贫困才可能成为其本源”[①]。古典经济学家亚当·斯密，抛弃了自亚里士多德以来的传统观念，“赞扬劳动是一切价值的来源”，劳动是创造财富的源泉。受亚当·斯密的古典经济学的影响，马克思的实践哲学实现了对亚里士多德实践观的彻底颠覆，把亚里士多德所排斥的物质生产劳动视为人类一切其他活动的基础，从物质生产活动出发，揭示出了人类社会实践活动的总体运行机制以及人类社会发展的基本规律。

物质生产活动作为人类获得物质生活资料的源泉，是维持人类生存的基础和根本条件。马克思指出：“我们首先应当确定一切人类生存的第一个前提，也就是一切历史的第一个前提，这个前提是：人们为了能够‘创造历史’，必须能够生活。但是为了生活，首先就需要吃喝住穿以及其他一些东西。因此第一个历史活动就是生产满足这些需要的资料，即生产物质生活本身。”[②] 也就是说，物质生产活动是人类获得物质生活资料的唯一途径，是人类一切“创造历史”的活

① ［美］汉娜·阿伦特：《人的条件》，竺乾威等译，上海人民出版社1999年版，第36、37页。

② 《马克思恩格斯选集》第1卷，人民出版社1995年版，第78、79页。

动的前提条件。人类的基本生活资料依靠物质生产实践进行创造，人类进行物质生产以及再生产的生产资料的获取同样依赖于物质生产活动。因此，马克思指出：“任何一个民族，如果停止劳动，不用说一年，就是几个星期，也要灭亡。”[①] 人类一切活动都是以物质生产活动为基础的，如果物质生产活动停滞了，人类的所有活动都将无从谈起。

物质生产劳动作为人类最基本的实践活动不仅生产出人们生活所必需的物质生产、生活资料，生产出人与自然的关系，而且也生产着人与人之间的关系。人们在物质生产活动的过程中结成了生产关系，诸如劳动资料的占有和使用的关系，劳动的分工和协作的关系，劳动产品的交换、分配与消费的关系等。马克思认为，物质生产不是孤立的个体所进行的活动，而必须依靠诸多的个体来共同进行。诸多个体的共同活动是通过个体与个体之间的交换劳动而形成的。这样，在物质生产的过程中就产生了人与人之间的交往活动，交往活动的发展便形成了各种社会关系。物质生产以及交往活动的需要便产生了精神活动和思想意识，由此生产出人的物质活动与精神活动的关系，即人与自身的关系，人的肉体与灵魂的关系。比如，语言这种现实的意识就是产生于生产和交往的的需要，“语言也和意识一样，只是由于需要，由于和他人交往的迫切需要才产生的。”[②] 概而言之，“物质生活的生产方式制约着整个社会生活、政治生活和精神生活的过程”。[③] 也就是说，这种物质资料生产的社会形式，作为最基本的、原始的生产活动，决定着人们之间其他的一切政治和思想的社会活动。不过，在马克思看来，人类活动不是亚里士多德哲学所描述的那种彼此孤立的关系，而是“生产力、社会状况和意识，彼此之间可能而且一定会发生矛盾”[④]。在这里，马克思指出，物质生产、社会交往、思想意识等各种活动不是孤立存在的，而是处于相互渗透、相互制约、相互作用的密切联系之中的。从物质生产到精神活动不是单向的线性决定关

① 《马克思恩格斯选集》第4卷，人民出版社1972年版，第368页。
② 《马克思恩格斯选集》第1卷，人民出版社1995年版，第81页。
③ 《马克思恩格斯选集》第2卷，人民出版社1995年版，第32页。
④ 《马克思恩格斯选集》第1卷，人民出版社1995年版，第83页。

系，不仅物质生活决定政治生活和精神生活，而且政治生活和精神生活又制约着物质生产。“生产力、社会状况和意识”的矛盾运动推动人类社会的发展和人类历史的进步，其中生产力是最根本的因素。人们所从事的生产实践活动是社会关系形成的基础，并推动着人类社会的发展，使社会从一种社会形态进化为另一种社会形态，整个人类社会的历史是通过人的实践活动而不断向前发展的历史。

物质生产决定和制约着整个社会生活，马克思把物质生产实践看作全部社会活动的基础的观点，受到西方学者的不断非议。在《黑格尔和包括马克思及哈特曼在内的黑格尔派的历史哲学》一书中，保尔·巴尔特由于误认为马克思恩格斯忽视了政治权力、宪法等上层建筑对经济基础的反作用，从而把历史唯物主义曲解为“技术经济史观”“经济唯物主义”；在《历史决定论的贫困》中，波普尔直接把马克思社会历史观称为“经济的历史决定论”；在《自由与文化》中，杜威也认为马克思主义把经济看作人类社会发展的决定力量的观点是一种“经济决定论”；当代学者吉登斯也认为，“历史唯物主义是根据生产力的增长来解释‘历史’，不同类型社会中的制度组织及其变迁过程均导源于这种生产力的增长”①，在他看来，马克思根据物质生产对人类历史作出的解释是将复杂的人类社会历史简化为单一的生产力发展史，是一种生产力“化约论”（reductionism）。

关于以上的种种非议，恩格斯实际上早就给予了有力的回应。他说：“历史过程中的决定性因素归根到底是现实生活的生产和再生产。无论马克思或我都从来没有肯定过比这更多的东西。如果有人在这里加以歪曲，说经济因素是唯一决定性的因素，那么他就是把这个命题变成毫无内容的、抽象的、荒诞无稽的空话。经济状况是基础，但是对历史斗争的进程发生影响并且在许多情况下主要是决定着这一斗争的形式的，还有上层建筑的各种因素”，“这里表现出一切因素的相互作用”。② 显然，把生产的决定作用看作是唯一的、单向的运动，

① ［英］安东尼·吉登斯：《民族——国家与暴力》，胡宗泽等译，三联书店 1998 年版，第 8 页。

② 《马克思恩格斯选集》第 4 卷，人民出版社 1972 年版，第 477 页。

不符合马克思的本来意图。在《德意志意识形态》中，马克思曾明确地指出：“生产本身又是以个人彼此之间的交往［Verkehr］为前提的。这种交往的形式又是由生产决定的。”① 马克思在这里实际上强调了物质生产活动与人的交往活动是相互作用、交织在一起的。当然，相对于其他理论家侧重于对政治、伦理交往活动以及思想理论活动的研究而言，马克思的视角主要集中于物质生产的重要作用，但不能因此而把“社会生活都是物质生产活动”，“物质生产是社会发展进步的唯一动力”等观点强加在马克思身上。杜威虽然主张多元的社会历史观，把文化、教育看作是社会进步的最重要的力量，但有时也不得不承认经济活动在现实生活中的基础地位。“人类的男女老少实际所过的生活、他们所遭到的机会、他们所能享受到的价值、他们的教育、他们在一切艺术和科学事务中所分享到的东西等主要的是受经济条件所决定的。”②

二 个体的实验探究行动机制

杜威不仅把实验性的探究行动作为人类实践活动的主要形式，并且通过对探究行动的活动机制的深入研究论述了人类实践活动的运行机制。从 1903 年的《逻辑理论研究》一文开始，实验逻辑就一直是杜威关注的重要问题。在《我们如何思维》《确定性的寻求》《逻辑：探究的理论》等诸多重要著述中，杜威都详细地探讨了实验探究行动的运行机制。虽然，不同著述中相关的论述存在着一定的差异，但是总体来看，《逻辑：探究的理论》中关于探究行动五个阶段的划分代表了杜威对于这一问题的基本看法。在《逻辑：探究的理论》一书的第二部分关于“探究的模式”（The Pattern of Inquiry）的阐述中，杜威把实验探究行动分为以下五个阶段③：

第一个阶段，“探究的先决条件：不确定的情境”。杜威认为，探究行动总是与不确定的情境紧密联系在一起的。所谓不确定的情境，

---

① 《马克思恩格斯选集》第 1 卷，人民出版社 1995 年版，第 68 页。

② ［美］杜威：《确定性的寻求》，傅统先译，上海人民出版社 2004 年版，第 285 页。

③ John Dewey, *The Later Works of John Dewey*, Vol. 12, Edited by Jo Ann Boydston, Carbondale: Southern Illinois University Press, 1986, pp. 109 – 120.

可以理解为被困扰的、含混不清的、混乱的、相互矛盾的等，主要是预期性的，针对情境所预示的事物而言。杜威对不确定情境的这种解释被罗素等其他西方学者指责是“一种个人的怀疑”，是“主观随意的”。杜威辩解说，把有问题的情境看作是主观的观点是对其思想的曲解，因为在他看来，个人的怀疑是由实际境遇所引起的，自然界只有在与有机体相互作用的时候，才成为一种环境。说这种情境是不确定的、含混不清的、相互矛盾的等，主要是相对于有机体与环境相互作用于其中的那种情境的结果而言的。如果说，相互作用的结果是不可预期的，人们不能够清楚地看见，我们就称之为是含混不清的。如果说，相互作用倾向于引起一种不协调的状态，我们就称之为是相互矛盾的。有机体与环境相互作用的不确定情境构成了探究行动开始的先决条件和根本动力。

第二个阶段，“问题的设立”。所谓“问题的设立”，就是要把之前那个令人困惑的、不确定的情境转化为一个明确的问题。杜威认为，问题的设立意味着通过探究行动把一个不确定的情境部分地转化为确定的情境，这也是探究行动中至关重要的一个环节。人们常言道：“问题提得好就等于把问题解决了一半。”反之，如果提出了错误的问题，或者对问题作出了错误的理解，则会误入歧途，“如果没有提出问题，就只会同瞎子一样在黑暗中盲目地摸索”①。

第三个阶段，“问题解决方案的确定”。任何不确定的情境都不可能在这个阶段马上被转化为一个完全确定的情境，但是，可以通过观察找出特定情境的某些确定的组成部分或者问题的某些确定的特征。这些通过观察而确定的情况组合在一起就构成了要解决的问题的事实条件。人们根据这些问题的事实条件而确定可能的相关解决办法。但是，一切可能的解决办法或方案都是以观念的形式呈现出来的，只表示对某种可能发生的事情的预测。因此，在实施效果得到验证之前，各种方案都只能被看作是假设。

第四个阶段，“推理”。“推理”阶段，就是要从观念的相互关系

---

① John Dewey, *The Later Works of John Dewey*, Vol. 12, Edited by Jo Ann Boydston, Carbondale: Southern Illinois University Press, 1986, p. 111.

中把观念的结果或意义展现出来，把那些可能的解决方案在人的思维中具体化。“假设一旦被提出和接受，就会与其他概念一起发展，直到它获得一种能够引发和指导某种实验的形式，而这个实验能够揭示出一些强有力的条件，这些条件决定我们应当接受还是抛弃这个假设。或许这一实验将会指出，为了使假设能够得到应用，使之适合于要解释和组织某个方案中的种种事实，我们需要对这个假设进行怎样的修正。”① 也就是说，在这一阶段中，人们在思维中把解决方案和推测的结果联系起来，以决定对解决方案或假设的取舍，或接受、或抛弃、或修正。

第五个阶段，“通过实际操作检验效果”。这是探究行动至关重要也是最后的一个阶段。在这一阶段中，探究者用选取的假设来指导具体的实验操作，看看预期的结果是否真的会出现。如果实验得到的结果与假设一致，就证明这一假设是解决该问题的最好的方案。反之，就证明这一假设是无效的，人们就要抛弃这一假设，一切需要从头开始。

人们常常根据《我们怎样思维》一文中的表述，将杜威的探究逻辑称之为“思维五步法”。杜威的实验逻辑是根据科学实验方法分析出来的，是将科学实验活动分解为五个前后相继的阶段，并揭示出各个阶段发生发展的内在联系。其所揭示出的个体实验探究行动机制对于人们在具体行动中处理生活中的具体问题来说，具有一定的合理性。与杜威的探究行动机制相类似，美国现代管理学家和社会科学家赫伯特·西蒙（Harbert A. Simen）把人的决策行为分为以下四个阶段：一是界定问题，明确目标；二是寻找为达到目标的各种可能的行动方案；三是比较并且评价上述方案，作出决策选定一个方案；四是对已选择的行动方案及其实施进行控制和评价。② 虽然在具体阶段的划分上存在着差异，但从行动的整体过程来看，杜威的实验探究机制与西蒙的决策行为阶段基本上是一致的。

---

① John Dewey, *The Later Works of John Dewey*, Vol. 12, Edited by Jo Ann Boydston, Carbondale: Southern Illinois University Press, 1986, p. 112.

② ［美］赫伯特·西蒙：《管理行为》，詹正茂译，机械工业出版社2004年版，第4—75页。

实验逻辑被杜威“称作为行动的逻辑、生活的逻辑”[①]。但是，杜威的探究逻辑如果作为人的全部的生活的逻辑，则忽视了前反思的原初经验在人们生活中的重要作用，不符合人们的实际生活。在人们的现实生活中，前反思的原初经验，如习惯、常规、过去的经验等，可以指导人们行动解决生活中诸多问题。骑自行车的经验就是一种前反思的原初经验。一般情况下，骑车的人在减速、拐弯、加速、刹车停下的过程中不会感觉到是对自行车的刻意操作。只有当路面出现偶发的、意外的状况时，骑车人才会下意识地对自行车进行刻意的操作。因此，在实际生活中，只有原初经验不起作用的时候，才会产生如杜威所讲的探究行动。在这里，杜威实际上承认了在探究行动开始之前，人的头脑中是一块白板。

第五节　实践与行动的合理性

合理性问题是西方现代哲学的重要论题之一。著名哲学家哈贝马斯曾经对西方现代哲学的走向作出了如下判断：“哲学通过形而上学之后，黑格尔之后的流派向一种合理性理论集中。”[②] 一般来说，只要人是有目的和有意识地进行活动，就存在合理性问题。当代哲学家普特南认为，如果把“真”看成是陈述的性质，那么“合理性”则主要指人的行为的性质[③]。由于人的行为和实践活动的多样性，从而也就决定了人们对于合理性问题的不同理解。一般认为，“所谓合理的，就是合规律而被认为是客观的，合目的而被认为是有价值的。”[④] 对于人的实践活动来说，合规律体现了实践与行动的客观性，而合目的则体现了实践与行动的主体性与价值性。由此，合规律性与合目的性构成了实践合理性的基本内容和基本要求。马克思认为，人的实践

① 杨文极：《实用主义新论》，陕西人民教育出版社 1990 年版，第 285 页。

② ［德］哈贝马斯：《交往行动理论——行动的合理性和社会合理化》，洪佩郁、蔺青译，重庆出版社 1994 年版，第 15 页。

③ 吴畏：《实践合理性》，广西人民出版社 2003 年版，第 3 页。

④ 欧阳康、张明仓：《在观念激荡与现实变革之间：马克思实践观的当代阐释》，中国人民大学出版社 2008 年版，第 203 页。

活动是合规律性与合目的性的统一，而杜威认为，人的行动与实践只是人们解决具体问题的工具，是一种合目的性的活动。

一 合目的性与合规律性的统一

马克思认为，实践是人类改造世界的对象性活动，是人类把自己的目的与需要变成现实的物质性活动。人类作为实践的主体，常常会根据自己的需要来构成世界图景，希望把外部世界变成自己的理想世界。然而，作为一种现实的物质性活动，实践又必须以客观世界为基础，而客观世界又有着其自身发展的客观规律，并且客观世界总是趋向于按照规律规定的方向发展。这就说明了，人类的目的与要求必然会受到客观世界的制约与否定。一方面，人类要求实践按照自己的目的去改造客观世界；另一方面，客观世界又要求人类的实践活动必须以遵循客观规律为基础。“合规律性”与“合目的性”便构成了人类实践活动的矛盾关系。在这对矛盾关系中，“合规律性”是指由于人认识和把握了客观事物的规律性，在实践活动中能够自觉地遵循客观规律，从而在实践活动中能够达到自己的预期目的，把理想客体变成客观现实；“合目的性”就是指人把自己“内在的尺度运用到对象上去”①，也就是说，主体的活动是从主体的尺度出发，特别是从人自身生存和发展需要出发，即人根据自身的目的和需要进行生产活动。

按照马克思哲学的观点，实践的合规律性包含两层含义。第一，实践活动必须遵循自然规律。人类只有认识和发现自然规律，并且遵循和利用自然规律，按照自然规律办事，这样世界才会向着有利于整个人类社会的方向发展。在给恩格斯的信中，马克思引用了比·特雷莫《人类和其他生物的起源和变异》中的观点：“不以伟大的自然规律为依据的人类计划，只会带来灾难”②，以此来说明人的实践活动必须要以遵循自然规律为基础。在这里，马克思实际上要求人在实践活动中必须要正确地处理好人与自然的关系，强调人的实践活动就必须尊重自然规律，不能够超出自然环境允许的限度，否则将遭致自然

① 《马克思恩格斯全集》第42卷，人民出版社1979年版，第96、97页。

② 《马克思恩格斯全集》第31卷（上册），人民出版社1972年版，第251页。

界的严重报复。第二，由于实践在本质上是一种社会历史活动，因此实践活动又必须符合社会历史发展规律。马克思认为，人们自己创造着自己的社会历史，但人们并不能够随心所欲地去创造社会历史，社会历史的发展过程是一个不以人的主观意志为转移的客观过程。也就是说，社会历史的发展是由不以人的主观意志为转移的客观规律所决定的。因此，马克思认为，实践的主体“不是他们自己或别人想象中的那种个人，而是现实中的个人”“因而是在一定的物质的、不受他们任意支配的界限、前提和条件下活动着的”“他们受自己的生产力和与之相适应的交往的一定发展——直到交往的最遥远的形态——所制约”。[①] 在这里，马克思指出了人的实践活动不是主观随意的，而是必须以社会物质条件为基础，并且必将受到社会历史发展规律的制约。但马克思同时也认为，由于社会历史是人们自己创造的，因而人们虽然不能够随心所欲地改变社会历史规律，但人们又可以认识和发现社会历史的发展规律。马克思指出：“五官感觉的形成是以往全部世界历史的产物”[②] “感觉通过自己的实践直接变成了理论家。”[③] 由此，马克思坚持了唯物主义辩证决定论的立场，认为人们可以通过实践活动发挥自己的主观能动性，去认识和发现社会历史发展的客观规律，并能按照客观规律从事各种社会实践活动。

马克思把实践看作是一种合规律性的活动，同时他又将合目的性看作是人的实践活动区别于动物的本能活动的本质属性之一。早在《1844 年经济学哲学手稿》中，马克思就提出：“人的类特性恰恰就是自由的自觉的活动”“有意识的生命活动把人同动物的生命活动直接区别开来。”[④] 后来在《资本论》中，他更加明确地指出：“最蹩脚的建筑师从一开始就比最灵巧的蜜蜂高明的地方，是他在用蜂蜡建筑蜂房以前，已经在自己的头脑中把它建成了。劳动过程结束时得到的结果，在这个过程开始时就已经在劳动者的想象中存在着，即已经观念地存在着。他不仅使自然物发生形式变化，同时他还在自然物中实

---

① 《马克思恩格斯选集》第 1 卷，人民出版社 1995 年版，第 71、72 页。

② 《马克思恩格斯全集》第 42 卷，人民出版社 1979 年版，第 126 页。

③ 同上书，第 124 页。

④ 同上书，第 96 页。

现自己的目的，这个目的是他所知道的，是作为规律决定着他的活动的方式和方法的，他必须使他的意志服从这个目的。但是这种服从不是孤立的行为。”① 在这里，马克思指出，人们可以通过实践发挥自己的主观能动性，去认识世界，发现事物发展的客观规律，并能按照客观规律有计划、有目的、自觉地来改造世界，正是这种合目的性的“自由的自觉的活动”使人的实践活动与动物的本能活动区别开来。自觉性或者合目的性是人类实践活动的本质属性之一，主体的目的性贯穿于整个实践过程之中，不仅是实践运行的初始环节，而且是实践运行的内控因素，并体现在实践的结果之中。为此，马克思指出，劳动过程的基本要素是：“有目的的活动或劳动本身，劳动对象和劳动资料。”②

由此可见，实践活动的“合目的性”与“合规律性”是对立统一的关系。人们如果要想在实践活动中实现自己的目的或满足自己的主观需要，那么实践的主体就必须要了解实践客体的基本属性和发展状况，认识客观事物发展的基本规律，从而在运用物质手段改造客观事物时，就必须依照客观事物发展的基本规律，选择合适的方式和方法。因此，人的实践活动只有做到合规律性才能够使实践活动的结果符合人的目的。只有在现实的实践活动中、在社会历史的发展进程中，才能实现合目的性与合规律性的动态统一。

二　纯粹的合目的性的活动

为了反对西方形而上学传统对于绝对确定性的追求，杜威指出了世界的不确定性方面，但是由于他片面强调世界的不确定性，从而导致他否定一切普遍的客观规律的存在。在《自由与文化》一书中，杜威直接对马克思主义关于社会发展规律的观点提出了反对意见。这也是杜威很少直接评价马克思主义理论的地方。在文中，杜威认为，马克思主义“陈述一些规律来说明一切的社会现象，这是一种惊人的

① 《马克思恩格斯选集》第2卷，人民出版社1995年版，第178页。

② 同上。

学术成就。”[①] 杜威在这里所说的“惊人的”与其后面所讲的“令人惊异的”是同样的意思，都是旨在说明马克思主义关于社会规律的观点是多么的令人不可思议。在他看来，关于社会现象的因果必然或者发展规律的观念是达尔文生物学发展之前的旧观念，是不科学的。杜威不仅直接反对马克思主义关于社会发展规律的论述，而且对自然规律的普遍性与必然性也提出了质疑。他认为，能量守恒的理论不是事物背后的本质规律，也不是具有必然性的普遍规律，它只是一个“非常广泛的概念”，一种假设。“它只是假定在一定条件之下，把这些能力从任何一种形式转化为另外一种形式的一个公式。”[②] 由此可见，杜威由于其怀疑论倾向，从反对传统形而上学对于绝对确定性的追求，而走向了非决定论。因此，在他看来，人的实践活动都是实验性的探究行动，没有任何的规律性可言。在这里，杜威否认了人类社会的规律性和因果性并走向了相对主义，这与他对个人探究行动的逻辑进行科学主义分析、提出的探究行动“五步法”又是自相矛盾的，因为这种行动逻辑实质上也是一种规律，说明人的行动还是有规律可以遵循。由于否认了世界规律性的存在，因此，虽然强调行动或者实践是主体与客体的相互作用，但是，从本质上来看，杜威所说的行动只是体现了主体的目的和价值的合目的性的活动。这也就是说，在杜威那里，行动或实践只是一种合目的性的活动。因此，作为人的存在方式的实践与行动，在杜威哲学中常常被贬为仅仅是人们躲避危险、寻求安全、获得成功的一种工具。

既然杜威眼中的世界充满了不确定性和危险性，那么生活在充满危险的世界中的人们便不得不寻求安全。人们从生活世界的危险中寻求安全的基本途径有两种，一种是“在感情和观念上改变自我的方法”；另一种便是“通过行动改变世界的方法”[③]。杜威认为，纯粹“在感情上和观念上改变”并不能获得实际的效果，只有行动、实践才是获得安全价值的唯一手段。当然，他也强调，缺乏观念、知识指

---

① ［美］杜威：《自由与文化》，傅统先译，商务印书馆 1964 年版，第 60 页。

② 同上书，第 64 页。

③ ［美］杜威：《确定性的寻求》，傅统先译，上海人民出版社 2004 年版，第 1 页。

导的单纯活动是盲目的行动，同样是不会获得成功的，因而知识和行动经常有效地结合在一起。“当动作受着知识的指导时，它是一种方法和手段而不是一个目的。”① 这样，行动与实践的价值就在于其所产生的后果。杜威认为，知识与行动的有效结合意味着总是在一个可预见的目的的指导下进行的，如果行动所产生的后果与可预见的目的相符合，那么这次令人满意的效果行动就是成功的或者有效的行动，否则，便是失败的或者无效的行动。比如，在杜威看来，科学认知从根本上来看就是一种行动，认知就是一种行动形式，“像其他行动的形式一样，都是要用它后来所产生的结果来加以判断”②。

把行动贬低为工具或者手段，很容易让人将其与功利主义联系起来，所以杜威不得不为自己的工具主义进行辩护。他说，把行动与实践看作是工具或者手段并不是贬低行动，因为行动的范围不能仅仅限于专图私利的动作，尤其是不能一般地局限于贪图便宜的事物或功利的事情，“保持和散播理智上的价值、道德上的良善、美术上的美妙，以及在人类关系中维持秩序和礼节等都是依赖于人们的行为的”③。因此，杜威提倡，“我们应该把实践当作是我们用以在具体可经验到的存在中保持住我们判断为光荣、美妙和可赞赏的一切事物的唯一手段”④。杜威将人的行动视为一种工具或者手段，一方面必然会贬低行动，因为依此看来，行动不仅不构成人与动物的本质区别，反而成为人与生物界、无机界共同的运动；另一方面在逻辑上必然会将欲望看成是人的真正目的，而使人的躯体活动成为欲望与欲望对象的奴隶，而没有自身存在的价值。杜威的这种实用主义的工具论是与实用主义缺失人类终极价值关怀相关联的。

著名的德国社会学家马克斯·韦伯在分析人的行为时曾把合理性区分为“目的合乎理性”与“价值合乎理性”。“目的合乎理性的，即通过对外界事物的情况和其他人的举止的期待，并利用这种期待作

---

① ［美］杜威：《确定性的寻求》，傅统先译，上海人民出版社 2004 年版，第 34 页。

② John Dewey, *The Later Works of John Dewey*, Vol. 4, Edited by Jo Ann Boydston, Carbondale: Southern Illinois University Press, 1984, p. 164.

③ ［美］杜威：《确定性的寻求》，傅统先译，上海人民出版社 2004 年版，第 28 页。

④ 同上书，第 29 页。

为‘条件’或者作为‘手段’，以期实现自己合乎理性所争取和考虑的作为成果的目的。”[①]“价值合乎理性的，即通过有意识地对一个特定的行为——伦理的、美学的、宗教的或作任何其他阐释的——无条件的固有价值的纯粹信仰，不管是否取得成就。”[②]也就是说，在目的合乎理性的支配下，人们为能够达到精心选择的目的，经常会考虑各种各样可能的手段及其所带来的后果，以选择最为有效的行动手段。在韦伯看来，目的合乎理性关注的是行动的目的、手段和后果的综合。“根据目的、手段和附带后果来作他的行为的取向，而且同时既把手段与目的，也把目的与附带后果，以及最后把各种可能的目的相比较，作出合乎理性的权衡，这就是目的合乎理性的行为。”[③]与目的合乎理性的行为相比，价值合乎理性支配的行为，一般不太计较眼前的成败得失和功用效益。离开价值合乎理性而纯粹由目的合乎理性支配的行为，由于过于理性化，因而无法对人与世界进行整体的把握，从而无法对人生、对世界作出终极意义的解释。虽然，杜威认为行动也是获得“光荣、美妙和可赞赏的一切事物”的手段，但是“光荣、美妙和可赞赏的一切事物”是作为与具体的可预见的目的相符合的结果而存在的，因此，是一种纯粹的“目的合乎理性”或“合目的性”的行动。马克思虽然指出人的实践是一种合目的性的行为，但他同时也认为实践是一种以自身为目的的“自由的自觉的活动”。因此，在马克思那里，实践是“目的合乎理性”与“价值合乎理性”的统一。

小 结

本章通过对实践概念的历史考察，从本体论的视域分析马克思哲学与杜威哲学对实践与行动本质的理解。马克思与杜威都反对像康德、黑格尔那样在精神范围内谈论实践或行动的本质，主张让实践与

① ［德］马克斯·韦伯：《经济与社会》上卷，林荣远译，商务印书馆1997年版，第56页。

② 同上。

③ 同上书，第57页。

行动概念回归现实生活。马克思哲学把实践理解为人类改造现实世界的对象化活动，把自亚里士多德以来的传统哲学看作是低贱的，把令人厌烦的生产劳动视为人类最基本的社会实践活动。从生产劳动出发，马克思揭示了人类社会实践活动的总体运行机制以及人类社会发展的基本规律。在马克思看来，人的实践活动是合规律性与合目的性的统一。杜威哲学主要侧重于微观层面来理解人的行为。他立足于具体的生活经验世界，按照生物学与心理学理论，把人的实践与行动理解为有机体与环境之间的相互作用。由于局限于个体的生活经验层面，杜威片面地强调了外部经验世界的不确定性，否定了人类社会发展的规律性，把个体的实验探究行为看作人类行为的最基本模式，并且以科学实验为基础揭示出了个体的实验探究行动机制。杜威的个体实验探究行动机制和方法对人们在具体行动中处理生活中的具体问题来说，确实具有一定的合理性。但由于片面地强调行动的探究性而忽视了行动的合规律性，因此，在杜威那里，人的行动与实践只是一种纯粹的合目的性的活动，是人们解决具体问题的工具和手段。

第三章　实践与行动的认识论维度

从本体论研究向认识论研究转向是近代西方哲学形成的一个重要标志。对知识或认识的考察成为近代哲学的一个重要组成部分，甚至可以说是最重要的内容。以马克思哲学为代表的现代西方哲学成功地实现了由认识论哲学到实践哲学的转变。在马克思的著述中，并没有专门就知识问题或认识论问题进行过系统的论述，但这并不意味着在现代哲学中认识论问题就不重要了，甚至现代哲学就可以抛弃或回避认识论问题。实际上，马克思在关于市民社会、国民经济、资本、人的解放斗争等现实问题的论述中流露出了非常丰富的认识论思想，以实践为基础的认识论是马克思主义哲学的重要组成部分。在马克思之后，包括杜威在内的许多现代西方哲学家也对认识论问题进行过较为系统的阐述。

第一节　知识的本质

知识论问题是传统哲学关注的核心问题。在一定意义上，我们可以把"从古希腊哲学家泰勒斯到德国哲学家黑格尔的学说称之为'传统知识论'"①。从本质上来说，传统知识论是一种既成性思维方式，知识的对象是外在于人的预先存在，知识的正确与否在于是否与预先存在的实在相符合。在传统知识论哲学中，关于认识问题的理论派别繁多，"唯心论者"与"实在论者"围绕着认识问题展开了激烈的争论。但所有这些理论有一个共同的特征，即都认为"被知的东西

① 俞吾金：《从传统知识论到生存实践论》，《文史哲》2004年第2期。

是先在于观察和探究的心理工作而存在的，而且它们完全不受这些动作的影响”①。在传统知识论哲学看来，认识过程中，作为认识者的主体只是一个被动的观察者，认知者与“被知的对象”不发生任何“交互作用”，认识主体与认识对象之间是相互分离的。因此，在追求知识时，认识者所能够采取的最根本途径就是静观，从而形成了静观求知的倾向和传统。在静观求知的过程中，“虽然偶尔也会提到实践活动，但基本的求知态度却是观察的而非实践的”②。杜威把这种静观求知的知识论称之为“知识的旁观者理论”（spectator theory of knowledge）。

反对静观求知的知识论，以动态的实践行为主体，取代了传统哲学中静观的抽象认识主体，从而以行动者的眼光来讨论知识与认识论问题，以实践或者行动来界说知识的本质，是马克思哲学与杜威哲学的共同特点。马克思哲学以社会实践为基础，揭示了知识在本质上是认识主体在实践活动中对客观事物的能动反映。杜威哲学由于对行动内涵的理解限定在个体主义的方法论之上，忽视知识形成中行动的客观物质基础与社会性维度，从而形成了主观主义的知识建构论。

一　实践中对客观事物的能动反映

知识是什么？早在马克思哲学产生之前，自柏拉图以来的西方各个哲学派别就对知识的本质进行了广泛而深入的探讨，众说纷纭、观点不一，形成了两种截然对立的观点。一种是理性主义的先验知识论，另外一种是经验主义的直观反映论。先验论者认为，知识是人心中本身所具有的或者与生俱来的“天赋观念”，是先于客观事物而存在的。而经验主义者则认为知识在本质上是观念对客观事物的“符合”或者“反映”，这种反映是“纯粹的”“客观的”，知识的产生是知识的对象把自身“烙印”在认知者大脑中的结果，知识产生的过程是认识者被动地接受外界对象刺激的过程。

---

① ［美］杜威：《确定性的寻求》，傅统先译，上海人民出版社2004年版，第21页。

② 俞吾金：《实践诠释学：重新解读马克思哲学与一般哲学理论》，云南人民出版社2001年版，第2页。

“不是从观念出发来解释实践，而是从物质实践出发来解释观念的形成。”① 马克思主张从物质实践出发来解释知识的形成，将实践的观点引入认识论中来，以实践为基础，辩证地揭示出知识的本质，以能动的反映论超越了旧唯物主义的直观反映论与唯心主义的先验知识观关于知识本质的争论。按照马克思哲学的观点，既不能单纯地从主体或者认识者的自我的观念性活动来理解知识，也不能单纯地从直观的对象方面来对知识的本质进行界定。在马克思看来，先验论者从主体或者认识者的自我的观念性活动来解释知识，突出了知识的主体性与认识者的主观能动性，但“只是抽象地发展了”，因为他们不懂得“意识在任何时候都只能是被意识到了的存在”②，不懂得真正的知识来源于客观现实。马克思指出：“不仅五官感觉，而且所谓精神感觉、实践感觉（意志、爱等等），一句话，人的感觉、感觉的人性，都只是由于它的对象的存在，由于人化的自然界，才产生出来的。五官感觉的形成是以往全部世界历史的产物。”③ 在这里，马克思指出了人的各种感性知识的产生都是以对象的现实存在为基础的。马克思哲学认识论坚持了唯物主义反映论的立场，但又借鉴了先验知识论的合理成分，强调了知识的主体性。马克思说，“人们是自己的观念、思想等等的生产者”④。但是马克思这里所指的人们是从事实践活动的人们，他们受到各种客观物质和社会条件所制约。因此，马克思指出，“观念的东西不外是移入人的头脑并在人的头脑中改造过的物质的东西而已”⑤。在这里，马克思指出了观念或者知识的真正源泉是“物质的东西”，即客观实在，也就是说知识是对客观实在的反映，但它又不是像旧唯物主义那样仅仅把反映理解为直观的反映，而是认为这种反映是通过人脑改造过的反映，亦即是主观能动的反映。简而言之，从本质上来说，知识是认识主体在实践活动中对客观事物的能动反映。

---

①《马克思恩格斯选集》第1卷，人民出版社1995年版，第92页。

②同上书，第72页。

③《马克思恩格斯全集》第42卷，人民出版社1979年版，第126页。

④《马克思恩格斯选集》第1卷，人民出版社1995年版，第72页。

⑤《马克思恩格斯选集》第2卷，人民出版社1995年版，第112页。

通过上述分析我们发现，马克思哲学关于知识本质的基本观点至少包括以下三点：第一，知识是主体性与客观性的辩证统一。单纯地从主体性或客观性来解释知识的都是一种知识上的独断论，知识在本质上既体现了认识主体的主观能动性又体现了认识对象的客观实在性，两者统一的基础正是人的实践活动。第二，知识是“创造”与“反映”的统一。马克思知识论或者认识论坚持唯物主义反映论的基本立场，承认客观事物的先在性，并指出认识是人对客观事物的反映。这说明，知识是“反映”的。但马克思同样强调主体的反映是一种在人脑中对客观对象的加工、分解和改造，是主体的创造。这说明知识又是“创造”的。因此，人的认识是一种创造性地反映客观事物的活动。第三，知识的本质不仅是一个理论的问题，更是一个实践问题。西方传统哲学中，主观主义和客观主义、唯心主义和旧唯物主义关于知识论的争论，均未能真正把握知识的本质，原因就在于其仅仅把这看作是一个理论问题。马克思从实践的原则出发，才真正地揭示出知识的本质。正如马克思所指出的那样：“理论的对立本身的解决，只有通过实践方式，只有借助于人的实践力量，才是可能的。”①

二　个体实验探究行动中构建知识

与马克思从实践出发来理解知识的本质相类似，杜威也主张从行动出发来把握知识的本质。在杜威看来，西方传统知识论在本质上是“知识的旁观者理论”（spectator theory of knowledge）。这种知识论哲学最大的局限性在于坚持静观求知，把真正的知识与人的行动和实践活动分离开来。传统知识论强调知识是对独立于人的实在的符合，认知者是与认知对象完全分离的观察者。越不介入认知对象，认知者的认知就越客观，所得的知识也就越正确。但是，“知识的旁观者理论”存在一个难以解决的认识论难题，即人作为一个外在的旁观者并不知道知识什么时候符合了实在，即使符合了也是如此。杜威认为，这一难题的解决只能诉诸人的行动。因此，必须立足于人的实践与行

---

① 《马克思恩格斯全集》第42卷，人民出版社1979年版，第127页。

动来改造传统知识论，必须从行动出发来把握知识的本质。

杜威指出，从根本上来说，“知识乃是通过操作把一个有问题的情境改变成为一个解决了问题的情境的结果”①。这也就是说，知识产生于一定的有问题的情境，是通过操作和行动改变有问题情境的结果。他说：“每当我们实地去认知时，我们便有知识；换言之，每当我们的探究所导致的结论解决了促使我们从事探究的问题时，我们便有知识。这个明白的道理是整个问题的终点——不过有一个条件，即我们必须按照实验的方法所提出的模式来构建我们的认识论。”② 与传统形而上学不同，杜威不主张为知识而知识，而是强调求知是为了解决生活中的实际问题，知识是人们解决生活中实际问题的结论，在行动之前不可能有某种先在的真正的知识存在。在实验探究行动之前，“所有概念、学说、系统，不管它们怎样精致，怎样坚实，必须视为假设”③。这就是说，知识既不是对客观实在的符合或反映，也不是某种先在的观念由人们被动地获得，而是人在解决实际问题的行动中积极建构而形成的。当然，杜威肯定了通过学习等间接途径获得知识的重要性，但他也强调所有的知识都必须置于具体的问题情境当中，如果不能解决实际问题，也不能算有真正的知识。这样，在杜威看来，知识不再是一般的抽象理论，而是人们解决实际行动的结果，它总是跟具体的问题情境紧密相连。“实验知识是一种行动的方式，而且像一切行动一样，是发生在一定的时间、一定的空间和在一定的条件之下，与一定的问题联系着的。”④ 因此，杜威强调“一切的知识都是特殊探究行动的结果”⑤。在这里，杜威把所有的知识都看作是特殊探究行动的结果，否定了具有普遍意义的知识的存在。

分析杜威关于知识本质的论述不难看出，他从实验经验主义的特殊主义的建构论的立场出发，认为每个人在自己的行动中所获得的观念、知识是依据个人所处的特定的对象、环境以及个人特殊的经验建

① ［美］杜威：《确定性的寻求》，傅统先译，上海人民出版社 2004 年版，第 245 页。
② 同上书，第 198 页。
③ ［美］杜威：《哲学的改造》，许崇清译，商务印书馆 2004 年版，第 86 页。
④ ［美］杜威：《确定性的寻求》，傅统先译，上海人民出版社 2004 年版，第 100 页。
⑤ 同上书，第 193 页。

构而形成的，因而不包括任何普遍的、适用于他人的内容、成分。因此，尽管人们在行动之前所面对的观念、学说、知识等已经是他人诉诸行动而获得成功的认识也只能被视为假设。这就将真理完全视为个别性的知识，否认它们包含着普遍性成分，否认它们是相对性和绝对性的统一。由此可见，杜威在这里由特殊主义走向了相对主义，在知识论上坚持的是一种主观的建构论。从这种特殊主义的主观建构论出发，每个人在自己的一次实践中所获得的知识、观念，对他人和人类知识的总体乃至于他本人的下一次实践活动均只能视为假设。这就在逻辑上必然否认人们的知识总在前人的基础上不断向前发展的，是一个从相对真理不断走向绝对真理的过程。杜威把知识看作是个体探究行动在个别的特殊的情境中解决了我们从事探究的具体问题的结论，割裂了知识上的普遍性与特殊性的统一，这与他片面强调人的行动的外部环境的不确定性是紧密相连的。

总而言之，杜威的这种实用主义知识观，主张以行动中的现实主体取代传统认识论中静观的抽象主体，以行动及其效果界说了知识的本质：知识不是对于先在实在的被动反映，而是人们通过操作和行动改变有问题的情境的“实用”的结果。一方面，由于强调人的行动在知识建构中的重要意义，从而具有反对和超越传统“知识的旁观者理论”静观求知倾向的功效，在知识论上，实现从传统既成论思维方式向现代生成论思维方式的深刻变革；另一方面，由于它立足于个体的行动，它也会将那些与个体行动无用的知识排除掉，只保留那些有用的知识。这样，人类知识的丰富多样性，特别是那些与个体行动的个别、特殊情境无直接对应关系的普遍原理就被否定了。

第二节　认识的形成和发展

传统形而上学是一种静观求知的理论。在传统哲学中，认识是独立于人的实践而进行的。反对静观求知，强调人的实践或行动在认识产生和发展过程中的重要作用，是马克思哲学认识论与杜威哲学认识论的共同主旨。在马克思那里，认识是一个由实践到认识，再从认识回到实践的动态发展过程。具体来说，认识的过程中经历了从感性认识上升到理性认识，再由理性认识到实践的两次质的变化。认识源于实践，认识的最终目的是为了更好地指导实践。杜威也把认识看作是一个从行动到知识再到行动的动态过程，但是他按照经验的连续性原则，认为人的认识形成是一个由原初经验进化到反省经验的连续过程。因此，在认识论上，杜威主张的是一种以达尔文生物进化论为基础的知识进化论。

一　从感性认识飞跃到理性认识

实践是马克思哲学认识论的基础。在马克思那里，关于认识本质的把握离不开实践，对于认识的发展的理解同样离不开实践。在马克思看来，实践不仅是知识、认识产生的源泉，而且人类认识的发展同样依赖于人的实践活动。

马克思指出，“思想、观念、意识的生产最初是直接与人们的物质活动，与人们的物质交往，与现实生活的语言交织在一起的。人们的想象、思维、精神交往在这里还是人们物质行动的直接产物”①。在这里，马克思把实践看作是人类认识的起点。在他看来，在现实生活中人的认识的产生总是与实践活动交织在一起的。但同时，他也着重强调了“物质行动”或者感性实践的重要作用。在感性实践基础上发展起来的认识要经过从感性认识上升到理性认识的飞跃。在《〈政治经济学批判〉导言》中，马克思论述了从政治经济学角度了解和认识一种社会经济形态的方法，他在对黑格尔抽象辩证法的批判和对科学认识方法的论证过程中揭示出从感性认识到理性认识这一人类认识的基本过程。他说：“具体总体作为思想总体、作为思想具体，事实上是思维的、理解的产物；但是，决不是处于直观和表象之外或驾于其上而思维着的、自我产生着的概念的产物，而是把直观和表象加工成概念这一过程的产物。”② 在这里，他对于黑格尔把“自我综合、自我深化和自我运动的思维”，作为人类认识起点，把具体实在作为思维的结果的方法进行了批判，并将其颠倒过来。在马克思看

① 《马克思恩格斯选集》第1卷，人民出版社1995年版，第72页。

② 《马克思恩格斯选集》第2卷，人民出版社1995年版，第19页。

来，整体的抽象不是感性认识之外的纯粹的思维着的概念的产物，而是在直观和表现的基础之上，经过思维和理解的抽象加工而形成的，即理性认识是人的感性认识的飞跃。在《资本论》第一卷第二版跋中，马克思再次揭示了人类认识的辩证过程。“研究必须充分地占有材料，分析它的各种发展形式，探寻这些形式的内在联系。只有这项工作完成以后，现实的运动才能适当地叙述出来。这一点一旦做到，材料的生命一旦观念地反映出来，呈现在我们面前的就好像是一个先验的结构了。”① 在这里，马克思明确地指出，人类认识是从感性具体到思维抽象再到理性具体的过程，并且，从感性具体到思维抽象是一个质的飞跃过程。感性材料经过思维和理解的抽象加工之后变成了观念，而观念“呈现在我们面前的就好像是一个先验的结构了”。也就是说，感性材料经过理性抽象变成观念、知识之后，已经发生了质的变化。对具体的个人来说，感性具体到思维抽象，也许是由前人或他人完成的，因此他也可以从思维抽象开始。但是，这并不意味着整个人类认识是一个从观念到具体的先验过程。

马克思哲学坚决地反对为认识而认识、为知识而追求知识的纯粹理论思辨，强调人的理性认识不能只停留于解释世界的理论层面，而是必须要回归到实践当中。“哲学家们只是用不同的方式解释世界，问题在于改变世界。”② 从感性认识到理性认识其真正目的就是为了把理论运用到实践中去，更好地指导人们去改变世界。因此，人的认识还必须经过从知识到实践的第二次飞跃。在马克思许多著述中都流露出了这种思想，在《〈黑格尔法哲学批判〉导言》中，马克思指出，“批判的武器”代替不了“武器的批判”。也就是说，哲学理论的任务是批判与揭露，如果仅仅停留在哲学理论上并不能使德国政治进步取得实际性进展，因此，只有通过革命实践斗争而不是哲学理论上的争辩，只有以理论指导革命实践斗争，才能真正实现德国政治的进步。在《神圣家族》中，马克思恩格斯对以布鲁诺·鲍威尔为首的主观唯心主义者进行批判时指出：“轻装部队”以为仅仅凭借“批

① 《马克思恩格斯选集》第2卷，人民出版社1995年版，第111页。

② 《马克思恩格斯选集》第1卷，人民出版社1995年版，第57页。

判的批判”这种纯粹的理论活动就能够“毫无疑问地真正能够赋予世界以新的面貌”，这只是一个“失误”。“改变世界”的运动“决不会像批判的批判所想的那样完成于纯粹的，即抽象的理论中，而必定完成于决不去关心批判的那种无条件的范畴的实实在在的实践中”①。

从实践到认识，再从认识到实践，人的认识整个发展过程经历了从感性认识到理性认识、再从理性认识到实践的两次飞跃。列宁对马克思主义关于人类认识产生与发展过程的辩证思想进行了高度概括，他说：“从生动的直观到抽象的思维，并从抽象的思维到实践，这就是认识真理、认识客观实在的辩证途径。”② 列宁之后，毛泽东在《实践论》等著作中进一步丰富和发展了马克思主义的认识论思想。毛泽东说：“从感性认识而能动地发展到理性认识，又从理性认识而能动地指导革命实践，改造主观世界和客观世界。实践、认识、再实践、再认识，这种形式，循环往复以至无穷，而实践和认识之每一循环的内容，都比较地进到了高一级的程度。”③ 在这里，毛泽东明确指出了人的认识产生和发展是从一个“实践、认识、再实践、再认识”的循环往复以至无穷的辩证发展过程。

二 从原初经验进化到反省经验

与马克思哲学把人的认识理解为从实践到认识再到实践的辩证发展过程相类似，杜威也把人类的认识过程看作是一个由行动到知识再由知识到行动的发展过程。但是，由于深受达尔文生物进化论思想的影响，杜威的实验主义在认识论上也是持一种非常明显的进化论观点。

从实验主义的立场出发，杜威批判那种主张“知先于行”的传统“旁观者”的知识观。杜威指出，传统哲学总是相信知识的对象是先于人的认知并独立于人的行动而存在的。在传统哲学看来，“知识的对象乃是羽翼丰满、原已存在的东西，而我们只是偶然与它相遇而

① 《马克思恩格斯全集》第2卷，人民出版社1957年版，第194页。

② 《列宁全集》第55卷，人民出版社1990年版，第142页。

③ 《毛泽东选集》第1卷，人民出版社1991年版，第296、297页。

已，我们发现了它，好像觅宝物的人发现了一箱子埋藏的金子一样”[①]。在杜威看来，正是这种预设的先在知识对象造就了传统关于“知先于行”、知行分离的错误观点。杜威认为，“在寻索和发现之前先有存在，这当然是承认的”，但是“只有行动，相互作用，才能改变或改造对象”[②]，因此，“认知的对象是在认知过程中构造的。我们不可能认知到任何先于认知过程的任何东西”[③]。也就是说，虽然在人的认知行动之前就已经先有存在，但是知识的对象却是人的认知行动的结果，如果没有人的认知行动就没有知识的对象，因而也不可能产生知识。在杜威看来，认知行动不是简单的被动的静观，而是人与环境的相互作用，是人对环境的主动探究。因此，杜威认为，知识起源于人适应环境的探究行动。“低级有机体所做的适应，例如它们对刺激做出的一些有效的和协调的反应，在人那里变成了合乎目的的，从而导致思想的产生。反思是对环境的间接反应，间接的要素本身也可能变成为巨大的和非常复杂的。不过，它起源于生物的适应行为。”[④] 具体来说，知识产生于人所遇到的困惑。杜威说：“思维起源于恰如其分地称为岔路的境遇，这是一种不确定的进退维谷的境遇。……只有处于这种不稳定中，我们才会遐想高瞻，去寻找观察新事实、获得对境遇的指导思想的立场，从这种立场去确定各种事实之间的关系。”[⑤] 在这里，杜威实际上指出了知识产生于前反思的原初经验。前反思的原初经验是一种动作与材料、主观与客观混沌未分的不确定情境。而反思或反省是将原初经验事物的有关性质或关系抽象出来，构成思维或认识的对象，以摆脱经验活动中的不确定因素。由此便产生了思想和观念，或者说是以假设形式存在的各种知识。但是，这个时候的观念或者知识还不能算真正的知识。

分析杜威以上关于认知过程的论述我们发现，认识起源于前反思

---

① ［美］杜威：《经验与自然》，傅统先译，江苏教育出版社2005年版，第101页。

② 同上书，第101、103页。

③ John R. Shook, *Dewey's Empirical Theory of Knowledge and Reality*, Nashville: Vanderbilt University Press, 2000, p. 212.

④ 涂纪亮编译：《杜威文选》，社会科学文献出版社2006年版，第16、17页。

⑤ John Dewey, *How we think*, Boston: D. C. Heath, 1910, p. 10.

的原初经验，而反思将原初经验事物的有关性质或关系抽象出来构成思维，这似乎也是一个理性认识活动从感性实践活动中分裂出来的过程，意味着由感性实践活动到理性认识活动的飞跃。但杜威反对把感性与理性分裂开来，认为那是传统“二元论”哲学的观点。在他看来，经验是连续的、能动的，包含着理智的反思。并且，正是经验中感性与理性、混乱与秩序等的连续统一，产生了现实的、能动的控制力量。因此，杜威认为，观念总是与人的行动紧密结合在一起的。一方面，“人们总是想望有一个使得经验可以产生观念、产生意义而这些观念又可以转过来支配行为的世界”[①]。也就是说，人们并不是为知识而追求知识，追求知识的目的就是希望利用知识来指导人的行为，从而把令人困惑的有问题的情境转变为清晰的、确定的情境，帮助人们解决生活中的实际问题。此外，就观念本身来说，它的意义完全在于其所导致的动作而产生的后果，离开了具体的行动，观念没有任何的意义。“它们的价值不在于它们本身，而在于它们所能造就的结果中显现出来的功效”[②]，“如果一个东西完全是属于理论方面，它就是在任何地方都是没有意义的”[③]。因此，杜威指出：“除非把观念变成行动，以某种方式或多或少整理和改造我们所生活的这个世界，否则，从理智上讲来（那就是说，除了观念提供美感上赏玩，当然是一种真正的价值以外），观念是没有什么价值的。”[④] 在这里，杜威认为，必须把观念和行动结合起来，在指导行动的过程中获得观念的价值和意义。“如果观念、意义、概念、学说和体系，对于一定环境的主动的改造，或对于某种特殊的困苦和纷扰的排除确是一种工具般的东西，它们的效能和价值就全系于它们工作的成功与否。如果它们成功了，它们就是可靠、健全、有效、好的、真的。如果它们不能排除纷乱，免脱谬误，而它们的作用所及反致增加混乱、疑惑和祸患，那么它们便是虚妄。”[⑤] 由此看来，在杜威这里，观念对于行动的指导

① ［美］杜威：《确定性的寻求》，傅统先译，上海人民出版社 2004 年版，第 106 页。
② ［美］杜威：《哲学的改造》，许崇清译，商务印书馆 2004 年版，第 87 页。
③ ［美］杜威：《确定性的寻求》，傅统先译，上海人民出版社 2004 年版，第 36 页。
④ 同上书，第 137 页。
⑤ ［美］杜威：《哲学的改造》，许崇清译，商务印书馆 2004 年版，第 93 页。

和通过行动来验证观念实际上是同一个过程。如果观念或思想指导下的行动取得令人满意的效果，那么，相对于这次行动来说，观念和思想就是真正的知识。否则，便不能算是真正的知识。不过，经过这次行动检验后的知识对于下一次行动来说，这些知识便只能再次以作为行动之前的假设而存在。因此，在杜威看来，知识不是一成不变的，“知识不是某种孤立自足的东西，而是在生命的维持和进化过程中不断发展的东西”①。在人的探究行动的过程中，知识不断地纠错，不断地发展，不断帮助人们在行动中获得满意的效果，解决生活中的问题。在杜威这里，知识的进步和发展过程是一个类似于进化论中有机体的生长过程。这很容易让人把杜威的知识论与著名的科学哲学家波普尔的“进化论的知识论”联系起来。与波普尔一样，杜威的关于知识的产生与发展的观点也是达尔文进化论思想在知识论上的应用。

强调知识来源于人的行动和实践，反过来知识对于人的实践活动具有重要的指导作用，知识的验证也必须依靠人的行动，这使得杜威的认识论在关于知识的来源以及对于反对知行二分的传统形而上学中具有其合理性。但是在从行动到知识，再从知识到行动的过程中，杜威仅仅看到了认识过程中知识与行动的连续性，忽视了其间的质变和飞跃，把认识看作是一个不断纠错、不断增长的过程，从而陷入了类似“庸俗进化论”的“知识进化论”。

第三节　理论与实践的关系

知识与行动、理论与实践的关系问题是哲学认识论研究的重点问题，全部的认识论问题甚至整个哲学问题在一定意义上都可以归结为理论与实践的关系问题。自古希腊以来的西方传统哲学发展的历程中，一直存在着重理论思辨而轻实践行动的思想倾向和特征。亚里士多德将人类行为划分为创制、实践和理论三种基本方式。其中，理论活动以自身为目的，与人的闲暇相关联，是人类最高形式的活动；创

---

① John Dewey. *The Later Works of John Dewey*, Vol. 12, Edited by Jo Ann Boydston, Carbondale: Southern Illinois University Press, 1986, p. 129.

制等物质生产活动往往与奴隶们的生产劳动相关联，是令人不愉快的活动，因而也是最低贱的活动形式。重理论轻实践的倾向导致了理论与实践的截然二分，造就了理论与实践二元对立。杜威指出，在传统形而上学体系中，“知识的领域和实践动作的领域彼此是没有任何内在联系的”①。唯理论与经验论在理论与实践的关系问题各执一端，争论不休。康德、黑格尔等著名西方哲学家，采用不同的方法和途径，试图将两者统一起来，但由于局限于理论的范畴之内抽象地谈论理论与实践的关系，都不自觉地陷入理论哲学的窠臼，因此，这种统一工作总是收效甚微，理论与实践的关系问题成为困扰着传统哲学家一大难题。突破传统理论哲学框架的束缚，从实践与行动的视域动态地考察理论与实践的关系是马克思实践哲学与杜威行动哲学的共同旨趣。马克思立足于现实生活，指出在革命运动中，实践批判与理论批判是对立统一的关系。杜威同样强调，在现实生活中知识与行动是相互融合在一起的，但同时他在对知识与行动的效果的强调中消解了知识与行动之间的本质区别，忽视了知识与行动之间的异质性。

一 实践批判高于理论批判

与传统的理论哲学不同，马克思从来都不是从纯粹的理论视角来抽象地谈论理论与实践的关系，而是总是联系现实的革命运动来论述理论与实践的辩证关系。在《〈黑格尔法哲学批判〉导言》中，马克思首次论证了无产阶级的历史作用，并且强调无产阶级要完成自己的历史使命必须要坚持理论与实践相统一的原理。

马克思根据当时反对德国半封建状况的政治反对派对待哲学的态度，将其分为实践政治派和理论政治派，并进行了分析与批判。他认为实践政治派的“狭隘性就表现在没有把哲学归入德国的现实范围”，理论政治派的根本缺陷在于认为“斗争只是哲学同德国世界的批判性斗争，它没有想到迄今为止的哲学本身就属于这个世界，而且是这个世界的补充”②。马克思认为两种政治派别“犯了同样的错误，

① ［美］杜威：《确定性的寻求》，傅统先译，上海人民出版社2004年版，第16页。
② 《马克思恩格斯选集》第1卷，人民出版社1995年版，第8页。

只不过错误的因素是相反的”，而这种错误的根源就在于把理论与实践看成是截然二分、相互脱离的。在此基础上，马克思又进一步揭露了理论与实践截然二分的德国社会现实，“在德国……这里实际生活缺乏精神活力，精神生活也无实际内容”①。在马克思看来，正是这种理论与实践的截然二分造成了当时德国的哲学理论与革命实践的发展极其不平衡。其中，表现最为突出的问题就是严重的重理论而轻实践的倾向。德国当时的知识分子在理论上是“巨人”，如黑格尔，而在行动上则是“矮子”，仅仅停留在观念、思想范围内去批判、改变现存世界，而不诉诸行动。这种脱离实践的哲学批判与理论思辨的发展，并没有为德国革命带来实际的效果。从而导致了“德国不是和现代各国在同一个时候登上政治解放的中间阶梯的。甚至它在理论上已经超越的阶梯，它在实践上却还没有达到”②。由于“德国只是用抽象的思维活动伴随现代各国的发展，而没有积极参加这种发展的实际斗争”③，因而它只是分担了这一发展的痛苦而没有分享到这一发展的欢乐。马克思在这里对于注重理论批判而轻视实践行动的德国社会现实进行了分析和批评。但是，这并不意味着马克思忽视理论批判的重要作用。

马克思也指出：“理论一经掌握群众，也会变成物质力量。”④“即使从历史的观点来看，理论的解放对德国也有特别实际的意义。德国的革命的过去就是理论性的……，现在的革命则从哲学家的头脑开始。”⑤ 在这里，马克思提出了正确的理论一旦由群众所掌握也可以在实践中转化为现实力量这一重要观点，肯定了哲学批判所具有的不可替代的革命性作用。哲学的批判是革命的先导，正是理论的批判唤醒了德国的政治革命。但是，马克思又强调：“批判的武器当然不能代替武器的批判，物质力量只能用物质力量来摧毁。”⑥ 也就是说，

① 《马克思恩格斯选集》第1卷，人民出版社1995年版，第14页。
② 同上书，第11页。
③ 同上。
④ 同上书，第9页。
⑤ 同上书，第10页。
⑥ 同上书，第9页。

哲学的任务在于批判与揭露，以便唤起德国的政治革命，但不能代替革命的行动，仅仅只有理论、仅仅停留在抽象的理论批判上，德国的政治斗争不会有实际性进步，要实现德国人的解放必须依靠现实的革命行动。这说明在马克思看来，对于力求改变现存世界的革命活动来说，实践批判比理论批判更加重要。因此，马克思指出："光是思想力求成为现实是不够的，现实本身应当力求趋向思想。"① 简言之，真正的革命活动需要理论与实践的相互作用。

马克思认为，英国以及法国的现实批判活动体现了理论与实践的有机统一。"法国人和英国人的批判并不是什么在人类之外的、抽象的、彼岸的人格，它是那些作为社会积极成员的个人所进行的真正的人类活动，这些个人也是人，同样有痛苦，有感情，有思想，有行动。因此，他们的批判同时也贯串着实践，他们的共产主义是这样一种社会主义，在这里面他们提出了显明的实际措施，这里面不仅体现着他们的思维，并且更主要的是体现着他们的实践活动。"② 在这里，马克思通过对于英国和法国的社会主义革命的分析，阐述了理论与实践在人的现实活动中实现了真正的统一。

二 知识与行动的相互融合

理论与实践、知识与行动的分离是传统形而上学的根本特征，按照传统哲学的观点，"知识的领域和实践动作的领域彼此是没有任何内在联系的"③。杜威对传统形而上学知行分离的观点进行了深刻的剖析与批判，并要求对知识与行动的关系进行重新审视和调整。

杜威认为，传统哲学把理论与实践、知识和行动分割看来的根源正是在于人们对于绝对确定性的寻求。人生活在一个危险的世界当中，便不得不寻求安全。人寻求安全的方法有两种：在感情和观念上改变自我的方法与通过行动改变世界的方法。前者是一种理论的方法，后者是一种实践的方法。传统思想认为"实践活动有一个内在而

① 《马克思恩格斯选集》第1卷，人民出版社1995年版，第11页。

② 《马克思恩格斯全集》第2卷，人民出版社1957年版，第195页。

③ ［美］杜威：《确定性的寻求》，傅统先译，上海人民出版社2004年版，第16页。

不能排除的显著特征，那就是与它俱在的不确定性”，只有纯理智和理智活动才能抓住普遍的实在而与绝对不变的确定性联系着，“完全确定性的寻求只能在纯认知活动中才得实现”①。由于“一切实践的行动都有不确定性的因素在内，那么只有把知识同实践分割开来”②，才能实现对绝对确定性的寻求。因此，理论自古以来就备受人们的推崇，实践则被人们所轻视，对于绝对确定性的追求导致了理论与实践、知识与行动的分离。

杜威哲学以行动为中心，批判了传统哲学知识与行动、理论与实践的二元对立，从现代科学出发对传统知行观进行了改造。杜威指出，知识与行动、理论与实践的关系问题不仅是一个理论问题，而且更是一个现实问题。“理论与实践的关系不只是一个理论问题；它是一个理论问题，但也是人生中最实际的问题。”③ 因此，杜威哲学从人的现实生活世界出发，动态地考察了理论与实践、知识与行动的相互作用关系问题。

按照实验主义哲学的观点，认知起源于行动的探究，完成于探究行动的成功，行动始终处于认知的核心地位。杜威指出，知识起源于“不确定的进退维谷的”“有问题的境遇”，改变“有问题的境遇”必须依赖于人的探究行动。杜威认为，尽管探究行动是实验性的，具有风险性，但探究行动并不是杂乱无章的“盲目的行动”，“单纯的活动、盲目的奋斗是不能促进事物的进展的”④，探究行动是在一定的思想或者观念指导下的“明智的行动”。在这里，杜威区分了两种不同的行动，一种是没有观念指导的行动，即“盲目的行动”；另一种是观念指导下的操作，即“明智的行动”。杜威认为他的这种划分具有重要的意义，过去在理论与实践之间所作的区别实际上就变成了两种行动之间的区别：明智的行动与盲目的行动。因此，在具体的境遇中的，理论与实践的关系问题实质上就是生活中的行动问题，或者说就是“盲目的行动”和“理智的行动”的关系问题。杜威以“医生

① ［美］杜威：《确定性的寻求》，傅统先译，上海人民出版社 2004 年版，第 4、6 页。
② 同上书，第 23 页。
③ 同上书，第 284 页。
④ 同上书，第 33 页。

应诊病人”的探究行动为例阐述了“盲目的行动”和“理智的行动”的关系。医生应诊病人，对病人进行一系列临床的手续：测听、轻叩，记录脉搏、温度和呼吸等。这些行动本身并没有什么意义，“它们只有在医生所掌握的系统的医学知识的解释之下才是有意义的”①。因此，探究行动“是有理智指导的、是掌握条件、观察顺序关联的，是根据这种知识来计划执行的”②。这也就是说，认知实质上就是观念指导实验操作以达到预期效果，而观念本身就具有经验根源，并且只有当它们是有意地进行某种行动的后果时它们才是有意义的。在整个认知过程中，“知识和实践之间经常地有效地相互作用”③，“脱离了具体行动和造作的理论是空洞无用的；而脱离了理论的实践也只是直接抓住了当时条件所允许的机会和享受而没有理论（知识和观念）的指导。”④ 因此，“只要人们认为知识的职能就是去掌握存在于探究操作及其后果之先，独立于探究操作及其后果之外的存在物”⑤，那么他们就不可避免地要犯错误。“从科学研究的实际程序判断起来，认知过程已经事实上完全废弃了这种划分知行界限的传统。”⑥ 概而言之，在现实生活中，行动总是贯穿于人的认识过程的始终，作为人们应对有问题情境的一种手段，知识与行动总是相互融合在一起的，并没有什么实际区别。杜威以科学实验为范本把知识与行动都看作是人们应对有问题的情境的一种手段，通过对效果与价值的强调指出了知行之间的本质联系，但也抹杀了知行之间的区别，甚至将行动等同于知识、观念。他说：“实用主义的工具主义的实质是要把知识与实践两者都视为在经验存在中获得善果（即各种优越的结果）的手段。”⑦ 观念的价值完全在于引起行动，并使行动获得成功。“就‘行动’一词字面上和存在上的意义而论，观念就是所实行的行动。”⑧

---

① ［美］杜威：《确定性的寻求》，傅统先译，上海人民出版社2004年版，第173页。
② 同上书，第33页。
③ 同上书，第34页。
④ 同上书，第284页。
⑤ 同上书，第179页。
⑥ 同上书，第33页。
⑦ 同上书，第34页。
⑧ 同上书，第111页。

从而陷入片面的知行合一论。

杜威通过两种行动的划分以及对“明智的行动”的强调克服了洛克经验论中的“白板说”的缺陷，坚持观察和实验操作必须有先在的知识为指导，确实有一定的合理性。但是，“明智的行动”的重心放在根据行动和行动所处的情境来选择知识、理论，既包含着一切从实际出发的唯物主义成分，又表现出浓厚的实用主义色彩。

在知行关系问题上，杜威哲学突破传统理论哲学的局限，强调必须在现实生活动态地考察理论与实践、知识与行动的关系问题，阐释了知识与行动在现实生活中的相互融合。但是，在反对知行二分的过程中，由于片面地强调知识与行动的融合，否认了分别对两者的本质加以认识和区别的可能，从而否定了理论与实践、知识与行动的异质性，体现了杜威哲学的反本质主义倾向。

第四节 真理及其检验标准

真理问题是认识论的核心问题。那么，什么是真理，何种意义上的知识才能被称之为真理？关于真理本质与内涵的讨论是哲学史上一个极为古老的话题，最早至少可以追溯到古希腊哲学的集大成者亚里士多德。亚里士多德在《形而上学》一书中给真理下了一个明确的定义：“每一事物之真理与各事物之实是必相符合。”① 也是说，真理是观念与事实对象的符合。亚里士多德关于真理的规定开启了真理符合论之先河，洛克等许多经验论哲学家都沿着符合论的道路从命题与经验事实相符合的视角来理解真理的本质。但是对于符合论而言，其所面临的困境始终在于：“知觉经验的个别的、偶然的性质如何才能与真理所要求的必然的普遍有效的性质取得适应。”② 符合论的观点遭到了持融贯论观点的理性主义哲学家的强烈反对。与符合论主张从命题与事物的关系来理解真理的本质不同，融贯论主张从命题体系内部的融贯关系来理解真理，即真理是命题与命题之间的融贯。然而，

① ［古希腊］亚里士多德：《形而上学》，吴寿彭译，商务印书馆 1983 年版，第 33 页。

② 曾志：《西方哲学导论》，中国人民大学出版社 2001 年版，第 104 页。

命题之间的融贯虽是真理的应有之义，但这只是真理之为真的必要条件而非充分条件，离开了使命题为真的事实条件和客观基础，即使所有命题都是彼此融贯的，也不能说明它就是真理。这也是真理融贯论的缺陷所在。

与真理的本质紧密相关的一个问题是真理的检验标准问题。如何检验人类认识的真理性，判断真理之为真理的标准和途径是什么？这同样是哲学史上一个长期争论的焦点问题。在马克思哲学产生以前，哲学家们对于真理标准的研究可以区分为两种对立的基本哲学理论：从符合论而来的实验验证与从融贯论而来的逻辑融洽证明。以洛克为代表的旧唯物主义经验主义哲学家持实验验证的观点，而以笛卡尔、斯宾诺莎、黑格尔等为代表的大部分理性主义哲学家则坚持逻辑融洽证明的基本立场。符合论是一种最为古老、最为经典的真理理论，主张真理是观念与事实之间的符合。符合论的早期著名代表人物洛克认为，真理的检验标准是实验验证，即通过实验检验观念与事物感觉经验之间是否契合。这种实验验证论经过发展又走向了实证主义。实证主义以自然科学作为一切研究包括社会研究的典范，认为任何复杂的社会现象都可以还原至一些“基本现象”（brute fact）。这些基本现象是指研究者只需要依靠纯感官的触觉，而不用加上任何演绎便可以了解的现象。实证主义相信人的纯感官具有客观性或互为主观性（inter-subjectivity），因此“事实陈述”可以通过没有价值介入的纯感官的感觉而被验证。实证主义由于其还原论，否认价值介入、否认事实与价值的内在联系，从而将价值真理排除在科学真理的范围之外，因而遭受到了诸多批判。融贯论的代表人物笛卡尔认为，真理的标准是观念在“我思”中的“清楚明白”，而与“我思”之外的对象存在是否相符无关；斯宾诺莎认为，真理的标准是观念本身就是一个真观念；黑格尔虽然主张把实践看作是检验真理的标准，但在他那里，实践只是精神的活动。因此，融贯论者关于真理验证标准的论述，总是局限于观念自身的范畴，陷入了以理论验证理论、以观念检验观念的理论悖论。由此可见，无论是符合论的实验验证还是融贯论的逻辑融洽证明都未能科学地解决这一哲学难题。

马克思哲学与杜威哲学都主张以人的实践或行动为基础来界说真

理的本质，主张在实践与行动中来检验真理。在国外学界，泰尔斯（J. E. Tiles）、哈里斯（Fred Harris）、舒克里安（Steve Shuklian），甚至包括一些著名的西方马克思主义学者，如诺瓦克（George Novack）等许多学者认为，虽然马克思哲学与杜威哲学存在着一定的差异，但是在真理的来源与验证等认识论问题上，两种哲学是一样的或者说两者之间差异是很小的，因为两种哲学都主张“知识来源于行动经验，并在实践中接受检验”①。在国内学界，研究者们坚持马克思主义的基本立场对杜威哲学的真理观进行了分析与批判，批判集中的焦点是杜威的真理概念，但对于真理的来源以及真理的验证等问题，研究者们更多的是将其看作是与马克思哲学相同或相近而加以肯定。在大部分人看来，“实践是检验真理的唯一标准”不仅是马克思哲学认识论的基本原则，对于杜威的实用主义哲学来说，似乎同样如此。而事实上，在这种表面的相似性后面，无论是真理的本质还是真理的验证，两种哲学之间存在着本质区别。在马克思哲学中，实践是检验真理的唯一标准，而杜威哲学实质上是以价值评判而不是以实践验证作为判断知识真伪的根本途径，因为他坚持人的行动要以价值评价为中心。

一　客观真理与实践基础论

从理论特征上来看，马克思哲学的真理观也是一种符合论。根据马克思关于知识本质的规定，观念、思维、意识是主体在实践中对于客观事物的能动反映，因而真理就是观念或者思维对于客观事物的正确的反映。在一定程度上，真理也是指观念或者思维对于客观事物的符合。但是，马克思哲学的真理符合论既不同于近代哲学的静态直观符合论，也不同于后来的主张从语言分析角度来理解真理的现代语言哲学的符合论，它所坚持的是以实践活动为基础的动态符合论。马克思说：“劳动过程结束时得到的结果，在这个过程开始时就已经在劳动者的想象中存在着，即已经观念地存在着。他不仅使自然物发生形

① Steve Shuklian, “Marx, Dewey, and the instrumentalist approach to political economy” *Journal of Economic Issues*, Vol. 29, No. 3, Sep 1995.

式变化，同时他还在自然物中实现自己的目的。”① 在这里，马克思指出，在劳动活动开始之前，关于自然物，即劳动对象的观念、意识就已经在劳动者的头脑中存在了。这说明，观念和意识来源于自然物，必须以物质存在为基础。但此时的观念与自然物是否相符合，不得而知。观念与自然物的符合是通过劳动实现的。在劳动过程中，劳动者不仅使自然物的形式发生变化以趋向于自己的主观目的，同时他又需要根据自然物的客观属性来调整自己的观念以使之趋向于自然物，从而在劳动结束时实现劳动者的观念与自然物的统一。也就是说，通过实践活动，主体观念与自然物在实践活动结束时统一起来，即主体观念与自然物相符合了。马克思在这里指出了观念、意识、思维的真理性必须以自然物为基础，真理是观念与自然物的符合，强调了真理的客观性。但是马克思对于观念、思维客观性的理解不像传统符合论那样忽视人的主观能动性，只是从客体方面直观地理解，而是从人的实践活动出发，坚持作为认识主体的人是处于认识活动之中的认识的主导者，强调了人的理性思维在获得真理性认识中的积极作用。

在真理的验证方面，马克思哲学把实践引入到真理问题的讨论中来，第一次科学地解决了检验真理的标准问题。在《关于费尔巴哈的提纲》中，马克思指出："人的思维是否具有客观的［gegenständliche］真理性，这不是一个理论的问题，而是一个实践的问题。人应该在实践中证明自己思维的真理性，即自己思维的现实性和力量，自己思维的此岸性。关于思维——离开实践的思维——的现实性或非现实性的争论，是一个纯粹经院哲学的问题。”② 马克思在这段论述中指出了对思维的真理性进行验证的方法与途径，提出了只有通过实践的途径、通过人的实践活动才能检验人的思维是否具有“现实性和力量”这一重要思想。人的思维是否具有“现实性和力量”，马克思的这一思想包含着以下几层含义：第一，思维是否符合客体尺度，即是否与客观的外在事物相符合；第二，思维是否主体尺度，即是否与主体的

① 《马克思恩格斯选集》第2卷，人民出版社1995年版，第178页。

② 《马克思恩格斯选集》第1卷，人民出版社1995年版，第55页。

能力、需要（这里的需要是指主体的客观需要，如人的生存需要食物，而并不是指各种具体的需要等，如需要面包、牛奶等）相符合；第三，主体的价值目标是否符合客体尺度、是否符合主体尺度。其中，前面两者均是指关于事实的认识是否正确，而后者是指关于价值目标的认识是否正确。无论是关于事实的认识的正确性还是关于价值目标的认识的正确性只能通过实践的过程和结果来进行检验。

在马克思恩格斯之后，列宁、毛泽东等马克思主义经典作家，都反复强调和发展了这一思想。在《实践论》中，毛泽东指出：“马克思主义者认为，只有人们的社会实践，才是人们对于外界认识的真理性的标准。实际的情形是这样的，只有在社会实践过程中（物质生产过程中，阶级斗争过程中，科学实验过程中），人们达到了思想中所预想的结果时，人们的认识才被证实了。人们要想得到工作的胜利即得到预想的结果，一定要使自己的思想合于客观外界的规律性，如果不合，就会在实践中失败。……判定认识或理论之是否真理，不是依主观上觉得如何而定，而是依客观上社会实践的结果如何而定。真理的标准只能是社会的实践。”① 在这里，毛泽东进一步明确提出：只有实践才是检验真理的唯一标准，此外再没有别的标准。

二 效用真理与评价中心论

杜威所持的则是一种“实用的”真理观，并以“实用的”真理观对传统哲学的“纯粹的”真理进行了批判。何谓“实用的”，他认为皮尔士赋予了其精确的意义，“实用的”表达了与人的目标的联系。杜威指出，在传统的观念中，真理一词的用处常常仅限于指称命题的逻辑特性，而不涉及人类的具体目标与社会的需要，即真理是“纯粹的”而非“实用的”。传统哲学认为，知识的对象是那种独立于人的不变的终极的实在。所谓的客观真理就是对实在的“符合”，对实在所具有的最后的自足的形式的掌握。它是固定不变的，与人的目的和社会的需要等因素无关，因而也是“纯粹的”。在传统哲学看来，一切类型的观念和学说之所以被称之为真理，就是因为它们是对

① 《毛泽东选集》第1卷，人民出版社1991年版，第284页。

于“实在”的真实摹写。在杜威看来，虽然这种观点与先验论是相对立的，但它对于人类的具体目标和需要却同样持一种冷漠的态度，因而这种所谓的客观真理其实就是那种把真理中具有人类意义的因素删除掉的一种机械论的绝对主义，这是“一种机械论的绝对主义取代了先验论的绝对主义”①。把人的因素排除在真理之外所遇到的困难是，人们并不知道什么时候才能达到真理，即使实际上达到了也是如此。这是自柏拉图以来人们在真理观上所面临的理论难题。那么，真理的本质是什么，关于真理本质的难题又如何解决呢？杜威认为，唯一正确的做法就是把人的意义赋予客观真理。“客观真理意指对事物所做的某种解释，这种解释使这些事物在使人的目标和人的活动效能释放出来方面具有成效地发挥作用。”② 在这里，杜威把对于人的活动的效能作为判断所谓的客观真理的依据。他所关注的不是“某种解释”对所针对的事物本身的符合与否，而是“这种解释”对于人的活动的效能与意义。因此，杜威指出，我们所说的真理主要是副词性的，而不是形容词性或名词性的。副词“真”（truly）较形容词“真”（true）或名词“真”（truth）都更为重要。副词表示行为的状态和模样。观念或概念是根据一定行动得以清理某一特殊情境的主张或计划，而当那主张或计划得到实施时，它真正地或错误地指导我们，即它指导我们朝向或偏离目标。真理的主动的、能动的功用是最重要的，它正是靠指导人们行动的功能和产生的结果而成其为真理的。科学的真理性就是假设能“真的”起作用，能“真的”成功地指导人们的行动而取得预期的效果。杜威指出，在现代科学研究中，“倾向于运用基本单位的这种情况，既是物理和化学中的特点，也是逻辑学、生物学和心理学中的特点”③。比如，在物理学当中，电子是一个极有价值而必不可少的基本单位。但是，如果人们仅仅把它当作是一个独立自在的、终极的东西来看，那么它就变成无意义的东西了，因而也就称不上是科学的或者正确的认识，因为“电子的存在到

① 涂纪亮编译：《杜威文选》，社会科学文献出版社2006年版，第319页。
② 同上。
③ ［美］杜威：《经验与自然》，傅统先译，江苏教育出版社2005年版，第94页。

现在还是一个争论的问题”①，事实上，也并没有一个“上帝之眼”（God's eye）告诉我们电子到底符合一种什么样的最后的实在。但是，我们认为“电子”是有意义的，乃是因为它是属于某些事物的原素，它之所以能获得毋庸置疑的科学地位，乃是在于人们可以利用它来进行科学研究，并取得了很好的效果。以杜威的这种立场来看，从牛顿的经典力学到爱因斯坦的相对论以及海森堡、波尔等人的量子力学的发展，并不是使“科学”向着某种更为“真实的”“终极的”“最后的实在”不断靠近，也并不是某种真实观念的进一步的证实，而只是由于人们采用不同的操作与行动而得到的不同实际效果。而它们之所以都被称为是科学真理，并不是由于它们在某一种程度上符合了某一种的“实在”，而在于它们都可以用来帮助人们解决不同层面或类型上的问题，取得有效的成果。② 由此可见，杜威的真理观实质上是强调观念对于指导人的行动的效能的一种效用真理观。

以效用来界定真理，人们常常会把杜威的真理观与詹姆士的“有用即真理”等同起来。为此，杜威不得不为自己进行辩护。他说，当真理被看作一种满足时，它不为乍起的念头或个人的嗜好所左右，这个满足包含公众的和客观的条件；当真理被解作效用时，它不是对于纯个人的目的的一种效用，或特殊的个人所着意的一种利益。杜威指出：“所谓真理即效用，就是把思想或学说认为可行的拿来贡献于经验改造的那种效用。道路的用处不以便利于山贼劫掠的程度来测定。它的用处决定于它是否实际尽了道路的功能，是否做了公众运输和交通的便利而有效的手段。”③ 换言之，所谓真理即效用不是指个人的主观感受的满足，而是指在客观条件下的公众的、普遍的，贡献于经验改造的那种效用，是指构成它的思想、观念、理论、学说是否内在地包含着效用，而不是在于一些人可以用它来行凶作恶。杜威认为，造成人们这种误解的原因主要有两个。第一个原因是人们认为，个人动机在每一次科学真理探究活动中应该是为了某种实际上的特殊应用

① ［美］杜威：《确定性的寻求》，傅统先译，上海人民出版社2004年版，第191页。

② 田光远：《科学与人的问题——论约翰·杜威的科学观及其意义》，复旦大学出版社2006年版，第74页。

③ ［美］杜威：《哲学的改造》，许崇清译，商务印书馆2004年版，第94页。

和效果。杜威认为，尽管许多的科学真理的发现都曾经是这样被激励起来的，但这仅仅只是人类历史的一件偶然事件，并不代表科学真理探究活动本身。科学的真理并不为个人的嗜好所左右，它包含着公众的和客观的条件，科学活动也不是为了一种固定的预定终结。第二个原因是人们认为科学真理的应用就等于是“商业化”的用处，这就更增加了因此所产生的恶果。杜威认为，在应用科学真理的实践中，大部分变成了为了达到私有的和经济的阶级目的而被利用，但这也只是人类历史上的一件偶然的事情。当科学真理被这种动机所左右时，其产生的后果对于科学和人生都是有害的。因此，我们应该扩大应用这个观念，使它包括人类经验的解放和丰富的一切方面在内。与詹姆士的“有用即真理”相比，杜威特别强调了“效用真理”的客观物质基础，他说：“詹姆士先生既然提到我，说我认为‘真理是令人满意的东西’，我可以指出，（且莫说我并不认为我曾说过真理是令人满意的东西）除了在观念作为工作假设或实验方法以实现其意图的方式被应用于先在的存在时所产生的那种满意之外，我从未把任何满意与观念的真理性相等同。”[①] 这样，杜威把自己的效用真理观与詹姆士的“有用即真理”进行了区分。

杜威认为，尽管实用主义者否认真理是观念与不可知的自在之物的符合，但他并不否认真理是观念与现实事物的符合。在杜威看来，真正的符合论强调，符合是相互回应、符合是我们的观念与有问题境遇之间的“相互调整”[②]。与詹姆士一样，杜威也把他的效用真理观看作是一种真理符合论，但是，它同以往的真理符合论有着本质的区别。传统符合论所注重的是与人相分离的自在之物，真理就是对这一部分自在之物的存在的摹写。因此，传统的符合论是一种直观的符合论，而不是真正的符合论。杜威认为，符合不能理解为内在观念对外在实在的逼真摹写，不能把观念的符合看成是对于存在的准确描绘。实在客体是哑巴，无法回答我们，也就无法验证我们的摹写是否符合

---

① 陈启伟主编：《现代西方哲学论著选读》，北京大学出版社 1992 年版，第 178 页。

② ［美］苏珊·哈克：《意义、真理与行动——实用主义经典文选》，陈波、尚新建译，东方出版社 2007 年版，第 24 页。

实在，因而就只能凭人的偏爱武断地宣布某种观念是不是符合事实，是不是真理。这是一种不科学的做法。符合并不是指一种静态的对应关系，它只能在动态的意义上才能成立。他说：“我们从操作的意义上把符合的当作是解答（answering）的意思，好比一把钥匙打开了一把锁所设置的条件，或者好比两个通讯员彼此答复；或者一般地来讲，好比一个回答是对一个问题或对一个批评的适当的答复——总之，好比一个解答答复了一个问题所提出的各种要求。根据这个见解，‘相符合’的这两个方面都是公开的和光明的，而不是把其中的一个永远置于经验之外而把另一个通过一种‘知觉’或其他的什么方法置于经验之内。”[①] 在这里，杜威强调了观念与现实事物的符合是在操作意义上、在实践中动态进行的。杜威认为，只有这种通过具体的操作、根据行动的效果来检验观念是否与现实事物相符合的观点，才是唯一的科学的真理符合论。他说：“根据我把‘符合’当作是一种操作上和行为上的事情的这个意义（这个意义在通常的经验中就明确地有与它相同的意义），我主张我的这一派别的理论是配称为真理符合论的唯一的一个派别。”[②]

由此可见，杜威的真理观也是一种符合论。在他那里，符合包括以下两层含义：第一，符合主体的目的和需要等；第二，符合外在情境。但他更强调前者，更注重真理对人的价值和意义。对真理效用的强调，而对客观事物本身的轻视，导致最终走向了相对主义真理观。他说：“每一个与真理相关的命题归根到底的确是假设的和暂定的，尽管许许多多的这样的命题已经被如此频繁地和毫无差错地加以证实，以致我们有理由使用这些命题，好像它们是绝对真实的。然而，逻辑上的绝对真理都是一种理想，至少在所有这些事实被记载下来之前，或者如詹姆士所说，在它们被‘捕获’（bagged）之前，而且在不可能再做出其他观察和其他经验之前，这个理想是不能实现的。”[③] 在此，他把一切真理都看作是“暂时的”“假设的”，即一切真理都

---

① ［美］杜威：《人的问题》，傅统先、邱椿译，上海人民出版社 2006 年版，第 301 页。

② 同上书，第 301、302 页。

③ 涂纪亮编译：《杜威文选》，社会科学文献出版社 2006 年版，第 16、17 页。

是相对的，要达到绝对真理，除非人们把所有的事实都记录下来，穷尽一切认识，但这只是“一种不能实现的理想”。换言之，实际上只有相对真理而没有绝对真理。因此，杜威在反对绝对主义真理观的过程中又有走向相对主义的倾向。在杜威的晚期著作中，他更倾向于用“被确保的断言性”（warranted assertability）一词来代替传统认识论哲学中的“真理”概念。

杜威坚持通过行动及其效果来验证真理的本质，对于知识的真理性的评价与验证，他同样强调必须以行动和实践为基础。他说：“如果观念、意义、概念、学说和体系，对于一定环境的主动的改造，或对于某种特殊的困苦和纷扰的排除确是一种工具般的东西，它们的效能和价值就全系于它们工作的成功与否。如果它们成功了，它们就是可靠、健全、有效、好的、真的。如果它们不能排除纷乱，免脱谬误，而它们的作用所及反致增加混乱、疑惑和祸患，那么它们便是虚妄。”① 在这里，杜威指出了，一切观念、意义、概念、学说和体系，在行动之前都只是假设，而假设要被确证为真理，必须诉诸人的行动。杜威反对实证主义关于真理的经验验证的静态标准。在杜威看来，如果以实证主义的经验原则来验证科学真理，那么经验对于科学真理的检验和验证实质上就是在命题与经验之间做一种静态的逻辑演算。以这种静态逻辑演算的方法来检验和验证真理所遭遇到的困境是人们不知道什么时候才能达到真理，即使实际上已经达到了也是如此。杜威指出，一些教育学原理之所以被我们称为教育科学或者科学真理，并不是因为它符合了某种客观实在，也不是因为它是某种逻辑上的自洽真理，而是因为它对于从事教育活动的人们的判断、计划、观察的态度和习惯起到了指导作用。在自然科学中，化学、物理和生物进行一系列的关于普遍命题的综合，如果这些命题只在逻辑上是自足的，如果这些命题不能在实践中帮助我们去建筑一座桥梁或帮助我们找到流行性伤感的根源的话，那么它们就是无意义的东西，因而不能被称之为科学真理。

主张一切观念、学说只有诉诸人的行动才能得知它是否为真理，

---

① ［美］杜威：《哲学的改造》，许崇清译，商务印书馆2004年版，第93页。

从表面上看，似乎杜威与马克思一样都主张实践是检验真理的标准。但是，如果全面考察杜威的观点就可发现，用人的行动成功与否验证知识的真伪之前必须根据价值评价来选择指导行为的知识，这样，实践检验只能是事后之事，相反，价值评价却在杜威的知行观中处于中心位置。实际上这不难理解，这是他的相对主义知识观在逻辑上必然要求的。因为杜威认为，一切观念、学说在诉诸人的行动之前只能是假设，因而一切观念、学说都是平等的，在内容上无真假之分，在价值上无高低之别。但是，事实上，人只能在众多的观念、学说中选择某种或几种作为自己在行动中控制环境的工具。因此，对观念、学说的选择和对它们的价值评价就成为人的行动能否成功的首要问题。因此，杜威认为人类行动的根本难题是价值选择，价值选择的根本难题是价值判断。由此，他提出要将“价值判断”而不是“价值”作为价值哲学研究的核心概念和核心问题；讨论价值的方式，要从通过关于价值内涵的事实描述界定价值转换为从行动和操作上界说价值，即价值不是一种静态的客体满足主体需要的关系而是主体通过行动改造客体使其满足主体需要的过程，即价值是主体通过行动创造价值活动的产物。强调人的行动是以价值评价为中心的创造价值的过程，并且建构起了自己的实验经验主义的价值判断理论。那么，杜威是如何解决人们行动中价值选择、价值判断的根本性难题的呢？他认为，可以借助于他所提供的“评价判断”来解决。“评价判断”是一种通过引导行动而创造价值、确定价值的判断。评价判断既是“关于经验对象的条件与结果的判断”，也是“对于我们的想望、情感和享受的形成应该起着调节作用的判断”①。它是一种以现实为基础而形成的对行动结果的预测性判断。杜威明确地指出，评价在这里不是陈述，而是分析、权衡、预测、判断，是一种认识性和评价性相结合的活动。在此，我们看到，杜威哲学在对各种观念、知识的价值选择上，仍然只不过是借助于价值判断来对它们进行评判、选择。但是，这种价值评价活动在本质上是一种个体的认识活动，它所依据的标准也是一种个体的主观性认识，只不过在价值评判的内容和功能上，杜威哲学比过

---

① ［美］杜威：《确定性的寻求》，傅统先译，上海人民出版社2004年版，第268页。

去的价值哲学有所增添，并且强调价值评价是一种智慧性认识，而不仅仅是一种欲望、情感的表达。

总之，面对传统哲学认识论难题，杜威采取“消解”的方式来代替真正的“解决”办法，他以现代科学发展的成果为基础，试图另辟蹊径，把认识论问题转化为价值问题，主张以价值评价为中心、通过行动效果来检验知识的真理性。以价值评价来检验认识的真理性，难免会陷入用意识判断意识、在意识范围之内评判真理的窠臼。然而，在西方哲学发展的过程中，实证主义经验验证原则在真理与价值、科学真理与价值真理之间划出了一条不可逾越的鸿沟，把一切人的因素排除在科学和真理之外，杜威对实证主义真理与价值截然二分的观点进行了有力批驳，赋予了客观真理以人的意义，把价值的因素引入到真理及其验证当中，实现了真理与价值、科学与人文的融合。杜威关于真理与价值、科学与人文关系问题的阐释，对西方后来的认识论哲学、科学哲学、价值哲学的发展产生了深远的影响。

小　　结

本章从认识论的视角重新审视了马克思实践观与杜威行动观之间的关系。重视实践或行动在人类认识中的重要作用，不是在理论框架之内抽象地谈论人的认识，而是在实践和行动中动态地考察认识论问题，这是马克思哲学认识论与杜威哲学认识论的共同特点。但两种认识论之间也存在着诸多的本质区别。第一，虽然都是从实践或行动来养说知识，同时也都肯定了认识主体在知识形成中的参与性和创造性，但是在马克思那里，知识是在实践中对客观事物的能动反映，而在杜威那里，知识只是个体行动的建构；第二，虽然都把认识的过程看作是从实践到认识再到实践的动态过程，但马克思看来，认识的形成经历了从感性认识到理性认识的质的飞跃，而在杜威看来，知识的进步和发展是一个类似于进化论中有机体生长的从原初经验进化到反省经验的连续过程；第三，虽然都反对和拒斥传统哲学的知行二分，但马克思通过对现实革命活动的分析而阐述了理论与实践的对立统一关系，即实践批判高于理性批判，而在杜威看来，知识与行动作为人们应对有问题的情境的一种手段是融合在一起的，并没有本质区别；最后，虽然都强调以实践或行动来检验真理，但马克思主张“人应该在实践中证明自己思维的真理性”，而杜威实质上是以价值评判而非实践验证作为判断知识真伪的根本途径，因为他坚持人的行动要以价值评价为中心。

第四章　实践与行动的价值论维度

自20世纪末开始，国内对于实践的研究逐渐从认识论转移到本体论和价值论。把实践同人的生存、生活联系了起来，实践的本体和价值意蕴逐渐清晰地展现出来，马克思价值哲学思想开始引起人们的关注和重视。

在西方理论界，“马克思哲学是否存在哲学意义上的价值理论”曾经是争论的焦点问题。以伯恩斯坦、孟什维克等为代表的研究者对马克思主义进行实证化解读，把马克思主义理解为“经济唯物主义”，从而把马克思哲学理解为一种“经济决定论”，在这种解读中，马克思哲学的价值论被遮蔽了。以葛兰西、卢卡奇、柯尔施、萨特、弗洛姆、图加林诺夫等为代表的大部分学者对这种将马克思主义进行实证化解读的做法展开了激烈的批判，他们肯定了马克思哲学的价值内蕴并进行了不同程度的阐释。如萨特（Sartre）指出，将马克思主义视为“人学空场”的观点不是“马克思的马克思主义”、不是“真正的马克思主义”[①]；图加林诺夫在《马克思主义中的价值论》一书中对忽视和否定马克思主义哲学价值问题的观点进行了批判和纠正，强调了价值论在马克思哲学中的重要地位和作用[②]；宾客莱（L. J. Binkley）指出，把马克思当作一个“价值立法者”（借用尼采的说法），我们就可以对马克思的重要性理解得更清楚一些[③]；弗洛姆（Fromm）通过对《1844年经济学哲学手稿》的研究，论述了马克思哲学变革的实质和

---

① ［法］保罗·萨特：《辩证理性批判》，林骧华等译，安徽文艺出版社1998年版，第126、127页。

② ［苏］图加林诺夫：《马克思主义中的价值论》，中国人民大学出版社1989年版，第52—57页。

③ L. J. Binkley, *contemporary Ethical Theories*, New York: The Citadel Press, 1961, p. 73.

价值指向，在人本主义的立场上阐发了马克思的价值哲学思想①。在国内学界，大部分学者肯定并开始关注马克思哲学的价值论问题，有学者认为，马克思哲学关注的重点既不是本体论问题，也不是认识论问题，而是价值论问题，马克思实践观阐明了深厚的价值论意蕴：“实践是价值关系得以确立的基础，是价值需求得以产生的根源，是创造价值的活动和实现价值的过程，也是人自身价值的确证。”② 何萍认为，不仅政治经济学中的每一个范畴体现着价值哲学思想，而且在对“自我意识”和“法哲学”问题的研究中马克思同样阐发着他的价值哲学思想；俞吾金认为，价值理论是马克思哲学的重要组成部分，必须“重视对马克思的价值理论的研究”；汪信砚、孙伟平认为，马克思的哲学革命表明马克思哲学就是“一种以改变世界为手段，旨在最大化地实现人的价值、实现人与社会自由全面发展的价值哲学”，甚至可以说，“马克思哲学主要是一种价值哲学”③。在此，我们姑且不论把马克思哲学看作“主要是一种价值哲学”是否恰当，但马克思哲学变革现实的实践概念的确蕴含着深刻的价值论思想，因为马克思的实践哲学力求改变它正在寻求理解的世界。

在马克思的实践哲学中，社会改造和知识改造相伴而行。马克思实践哲学价值论思想为我们正确地理解价值的本质，处理传统哲学中事实与价值两相分离的价值领域难题提供了新的视角和方法。与马克思哲学的这种转向相类似，杜威也认为他所倡导的哲学改造就是要“建立一种关于价值的见解”④。杜威希望通过对于行动后果的鉴别来探求价值的本质，以行动颠覆事实与价值的二元划分。以行动为中心，杜威自称在价值哲学领域开展了一场“哥白尼式的革命”。

第一节 价值的本质与内涵

何谓价值？价值的本质是什么？这似乎是价值论研究首先必须回

---

① 《西方学者论〈1844 年经济学哲学手稿〉》，复旦大学出版社 1983 年版，第 15—88 页。

② 高飞乐：《马克思实践学说的价值论意蕴》，《东南学术》2000 年第 2 期。

③ 孙伟平：《作为价值哲学的马克思哲学》，《学术研究》2007 年第 1 期。

④ ［美］杜威：《确定性的寻求》，傅统先译，上海人民出版社 2004 年版，第 43 页。

答的基本问题。马克思哲学与杜威哲学都是通过实践或者行动以不同的方式阐释了作为哲学范畴的价值的本质所在。但是，马克思以社会生产劳动这一最基本的实践活动为基础来探讨价值的本质，指出了人的变革现存世界的实践是价值创造的真正源泉，强调了价值的生成性，把终极价值的实现理解为一种以实践为基础的历史过程。而杜威主张从行动的后果来理解价值，通过对行动效果的强调把价值本质问题转化为评价理论的研究，把价值同具体的生活情境与智慧行动相联系，注重迫切的行动效果而忽视理想，缺乏终极价值的关怀。

一 社会实践中创造价值

1980 年 10 月，杜汝楫先生的《马克思主义论事实的认识和价值的认识及其联系》一文在《学术月刊》上的公开发表，标志着我国马克思主义价值哲学研究的兴起。在此后的 30 多年的研究过程中，关于马克思哲学价值概念本质的探讨与争论始终都没有停止过，至今仍无定论，马克思哲学价值概念的本质问题成为推进马克思价值哲学研究的关键所在。

是否能够在马克思著述中找到哲学价值概念的本质规定？如果能，那么马克思哲学价值概念的本质到底是什么？对于前一问题的回答较为统一，大部分研究者都认为，虽然马克思没有明确地对哲学价值概念下过定义，但是人们还是可以通过对于马克思著作中的相关论述的理解来揭示马克思哲学价值概念的本质。而对于后一问题的回答则观点不一、众说纷纭，概括起来，大致可以分为以下两类。

一类主要是基于认识论的视角，通过主客体之间关系来界说价值，侧重从主客体之间的关系来理解马克思的价值范畴，试图从马克思主义政治经济学的著述中直接找到马克思哲学的价值概念。这类研究最早的理论依据主要来源于马克思在《评阿·瓦格纳“政治经济学教科书”》中的一段话——“如果说，‘按照德语的用法’，这就是指物被‘赋予价值’，那就证明：‘价值’这个普遍的概念是从人们对待满足他们需要的外界物的关系中产生的，因而，这也是‘价值’的种概念，而价值的其他一切形态，如化学元素的原子价，只不过是这个概念的属概念。”[①] 关于这一段话的归属与含义存在着很大的争议。一些学者指出，联系上下文，这段话“不是马克思的观点，而正是瓦格纳的观点”[②]，这是马克思转述他所批驳的瓦格纳的观点，因而，“把前半句当作马克思关于‘价值一般’的定义，纯系由于断章取义而导致的一个极大误会”[③]。尽管提出了不同意见，但许多学者仍然坚持把这段话看作是马克思本人的观点，并以此为基础从主客体之间的关系来界说马克思的哲学价值概念。“马克思确实没有提出自己的一般价值概念，而且马克思很反感瓦格纳等德国学者的那种价值一般思想。在马克思恩格斯的其他著作中，也没有明确定义过价值一般概念。”[④] 但是，这并不妨碍学界对于马克思价值概念的解读与诠释。一些学者试图以马克思政治经济学“劳动价值论”的“使用价值”为基础来规定哲学的价值概念。“使用价值表示物与人之间的自然关系，实际上是表示物为人而存在”，价值“最初无非是表示物对人的使用价值，表示物对人有用或使人愉快等等的属性”[⑤] ……马克思关于使用价值的相关论述成为这种研究的直接理论依据。这种关于价值本质的解读形成各种不同的价值学说，具体可以分为“属性说”“关系说”“效用说”“意义说”等。从表面上看，各种关于价值本质的学说之间还存在着不小的差异，但实际上来看，在它们之间存在着一个根本的共同点，就是这些关于价值的定义强调的都是物对人的有用性。由此可见，这种对马克思的哲学价值概念的理解实际上还是未能超越政治经济学中有关使用价值的观点。尽管马克思本人也曾明确指出：“作为使用价值的使用价值，不属于政治经济学的研究范围”[⑥]，这说明“使用价值”并不完全只是一个政治经济学的范畴，它应该具有更为广阔的含义，但是，如果仅仅在“使用价值”的层面、仅仅在认识论的视角来界定马克思的哲学价值概念，那么我们很

① 《马克思恩格斯全集》第19卷，人民出版社1963年版，第406页。

② 郝晓光：《对所谓普遍价值概念定义的否证》，《光明日报》1987年1月5日。

③ 李德顺：《价值论——一种主体性的研究》，中国人民大学出版社2013年版，第15页。

④ 张建云：《马克思“价值”范畴的深层解读》，《马克思主义研究》2016年第9期。

⑤ 《马克思恩格斯全集》第26卷（Ⅲ），人民出版社1974年版，第326页。

⑥ 《马克思恩格斯全集》第13卷，人民出版社1962年版，第16页。

难把马克思哲学的价值概念与实用主义哲学的价值概念区分开来。在马克思那里，价值不仅仅是一个认识论问题或者经济学问题，它有着更为宽广的领域和丰富的哲学内涵。

另一类主要是从生存论的视角，通过人的存在、人的自由的角度来定义马克思哲学的价值范畴。进入20世纪90年代以后，随着国内生存论哲学问题研究的兴起，马克思哲学的生存论思想得到了发掘，于是研究者开始纷纷从人的生存实践出发来理解马克思的价值概念。如郁建兴认为，在马克思哲学中，"所谓价值，就在于人的类特性、社会性，就是人的理想性、超越性"①；徐长福认为，"马克思所说的实践首先是一个价值概念"，从实践的价值内涵来看，价值就是指"所有人的劳动以自身为目的，所有劳动的人以自身为目的"②。从生存论的视角来看，价值即人的价值，自由而全面的发展是人类的终极价值追求，自由自觉的实践活动是人的价值的本质体现。这种新的视角为我们正确了解马克思哲学价值概念的本质提供了新的思路。

我们认为，上述两类关于马克思哲学价值概念的研究都在一定程度上揭示了马克思哲学的价值本质。但是，如果从更加广泛和完整的意义上来理解马克思的哲学思想，我们不能把马克思的政治经济学中的"使用价值"范畴与哲学上的"价值一般"概念割裂开来，在马克思的理论框架中，政治经济学中的"使用价值"，与他对哲学上的价值概念的理解存在着内在的一致性和逻辑联系。如果重读马克思本人的文本，那么通过文本分析我们就会发现，马克思并不是放弃政治经济学的价值理论而单纯地谈论哲学意义上的价值概念，而是以劳动价值理论为基础，通过对生产劳动的深刻分析科学地论证了人的价值的创造和实现途径。在《1844年经济学哲学手稿》中，马克思在对资本主义社会的异化劳动批判时指出："工人生产的越多，他能够消费的越少；他创造价值越多，他自己越没有价值、越低贱。"③ 在这段话当中，马克思先后两次使用了"价值"一词，而两个"价值"

---

① 郁建兴：《关于马克思价值概念的商榷》，《哲学研究》1996年第8期。

② 徐长福：《马克思的实践首先是一个价值本体概念》，《哲学动态》2003年第6期。

③ 《马克思恩格斯全集》第42卷，人民出版社1995年版，第92页。

实际上分别代表了不同的两层含义。首先，“他创造价值越多”中的“价值”一词应当属于政治经济学的范畴，强调的是商品的价值与使用价值，而后面“他自己越没有价值”中的“价值”一词，既有经济学的含义，即劳动力价值的降低，也有哲学的含义，意在说明资本主义制度下的异化劳动剥夺了人的自由，导致了人和人的本质的异化。在这里，马克思实际上指出了经济价值与人的价值之间的联系——经济价值是并且只能是人的价值实现的物质条件。但是在资本主义社会制度下，经济的价值与人的价值呈现为一种颠倒的关系，经济价值高踞于人的价值之上并成为人的价值的唯一表现，货币拜物教便是其明证。这种颠倒产生的根源在于资本主义生产资料私有制和市场经济的联姻。因此，资本主义私有财产的扬弃就意味着人的自由和解放。“私有财产的扬弃，是人的一切感觉和特性的彻底解放。”① 而“要消灭现实的私有财产，则必须有现实的共产主义行动。”② 在马克思看来，共产主义是私有财产的积极的扬弃，是实现人的自由而全面发展的唯一途径。马克思所强调的共产主义不仅是那种只发生在人内心深处的意识领域中对私有财产观念的抽象的扬弃，而是从一开始便是一种“现实的产生活动”或“生成运动”③。这也就是说，共产主义是对资本主义条件下商品生产形式的否定过程，也是马克思所说的人的自由特性的形成过程。概而言之，实践不仅创造着经济价值，而且创造着人的价值，马克思在这两种意义上使用了价值概念，其中实现人的自由而全面发展是马克思哲学主张的“改变世界”的终极价值追求。

以人的自由而全面发展来规定人的终极价值，显然，马克思批判地继承了康德“人是目的”的价值观，但是马克思又超越了康德先验哲学的形而上学特性。“人是最高目的”是康德价值哲学的著名论断。但是在他这里，目的性是预设的，人是指“作为本体看的人”，人的自由是指“某种超感官的能力”④，于是，最高价值的实现也被

---

① 《马克思恩格斯全集》第42卷，人民出版社1995年版，第124页。
② 同上书，第140页。
③ 同上书，第120页。
④ ［德］康德：《判断力批判》上册，宗白华译，商务印书馆1964年版，第293页。

限定在与经验世界无涉的超验领域。因此，在康德哲学中，终极价值是一个非历史性的目标。之后的新康德主义学派的价值哲学家，如洛采、文德尔班等系统地扩展了康德的这一价值命题。但是，脱离了经验世界的最高价值能否实现、如何实现？康德预设上帝存在的做法不能令人心服，他的后继者也同样无法解答。为了解决康德主义哲学对于价值的绝对预设，一些现代西方价值哲学试图通过强调个人本位，突出价值的实用性与工具性，来克服价值概念的超验性。对于批判超验哲学来说，确实具有一定的针对性，但他们最终通过否定价值理想主义而走向价值相对主义。马克思的实践唯物主义哲学超越了康德哲学的抽象精神思辨，坚决反对为人的终极价值作形而上学的预设。马克思说："新思潮的优点就恰恰在于我们不想教条式地预料未来，而只是希望在批判旧世界中发现新世界"①，"并且从现存的现实本身的形式中引出作为它的应有的和最终目的的真正现实"②。在此，马克思强调价值世界必须以经验的事实世界为基础，是从中引申提炼出来的，而不是事先的绝对预设。这就指出了人的变革现存世界的实践是价值创造的真正源泉，强调了价值的生成性，把终极价值的实现理解为一种以实践为基础的历史过程。

同时，恩格斯指出："科学越是毫无顾忌和大公无私，它就越符合工人的利益和愿望。在劳动发展史中找到了理解全部社会史锁钥的新派别，一开始就主要是面向工人阶级的。"③ 在这里，恩格斯实际上强调了科学所揭示的事实领域与人们的价值追求并不是完全无关的，它们两者可以达成某种一致性，并且他们的科学研究是具有强烈的价值介入色彩，但是这并不妨碍他们对科学真理的揭示。

由此可见，只有从实践唯物主义的视角、从不同层面全面地理解价值，我们才能真正把握哲学价值概念的内涵与本质。并且，只有以此为基础，才可能真正解决事实与价值的关系以及由此而产生的一系列价值哲学问题上的纷争。

---

① 《马克思恩格斯全集》第 1 卷，人民出版社 1956 年版，第 416 页。

② 同上书，第 417 页。

③ 《马克思恩格斯选集》第 4 卷，人民出版社 1995 年版，第 258 页。

二 个体效用的价值评价

在西方价值哲学发展的历程中，英国哲学家乔治·摩尔于20世纪初在其代表作《伦理学原理》中明确提出，价值是“不能给它定义”[①]的。乔治·摩尔的观点遭到了培里等诸多学者的强烈反对，但得到了杜威的拥护。与摩尔相类似，杜威也不主张直接对价值下定义，他说：“价值就是价值，它们是直接具有一定内在性质的东西。仅就它们本身作为价值来说，那是没有什么话可讲的，它们就是它们自己”“价值本身是可以仅仅为我们所指出的，然而企图通过完备的指点给予价值一个定义的这种尝试是徒劳无益的”[②]。反对给予价值一个确切的定义，这与杜威实用主义哲学的反本质主义思想是一致的。当然，不给价值下定义并不意味着价值的本质就完全不可把握。虽然无法从价值本身来界说价值，但是可以通过对于行动后果的鉴别来探求价值的本质。“凡是关于它们（指价值——引者注）可以说的话都是有关于它们的发生条件和它们所产生的后果的。”[③]从行动的后果来理解价值，杜威巧妙地回避了“价值是什么”的理论难题，进而他通过对行动效果的强调把价值定义问题转化为评价理论的研究。

杜威在对理性主义超验价值论与经验主义价值论进行分析与批判的基础上阐述了他对于价值本质的理解。杜威指出：“从来放在我们面前，有待于我们理智择定的价值理论，只有两种：一种把我们送入一个永恒不变的价值领域；一种使我们获得实际的享受。”[④]在这里，前一种，即“把我们送入一个永恒不变的价值领域”的价值理论主要指文德尔班等为代表的追求绝对价值的超验价值论，后一种，即“使我们获得实际的享受”的价值理论主要指培里等为代表的经验主义价值论。杜威认为，超验价值论忽视经验而把价值安置于一个排斥

---

① ［英］乔治·摩尔：《伦理学原理》，长河译，上海人民出版社2005年版，第11页。

② ［美］杜威：《经验与自然》，傅统先译，江苏教育出版社2005年版，第251、252页。

③ 同上书，第251页。

④ ［美］杜威：《确定性的寻求》，傅统先译，上海人民出版社2004年版，第288页。

在自然存在之外的超验的“实有”世界，人为地建立了一个与事实世界相区别、相对照的“价值王国”，割裂了价值与经验、与自然界的相互联系。对于超验价值论，杜威始终都是持批判的态度，在《关于价值的几个问题》中，他曾这样写道：“我省略了赋予价值以超验性的那种观点，所以我所说的不会引起那些认为价值具有超验性的人的兴趣。”① 由此我们可以看出，杜威特别强调价值的经验性，但并不意味着他完全赞同经验主义价值论的观点。杜威认为，经验主义价值论虽然注重了价值与经验的相互联系，但是他们通常只是对价值作简单的经验描述，而且他们这种对价值本质的直观的解释往往又能得到人们的普遍认同。在经验主义价值论者看来，所谓价值主要是指享受、爱好以及需要的满足等。杜威指出，把实际所经验到的享受当作价值本身而加以陈述和合理化是经验主义价值论的根本缺陷所在。事实上，在所享受的东西和可享受的东西、令人满意的东西和可以令人满意的东西之间是有差别的。说某些东西为人们所享受时，这只是在陈述事实，只是在陈述已经存在着的东西，而不是在判断那件事的价值。这样一个命题和陈述某种东西是红的或者黑的没有什么差别。只有当我们发现这种享受的出现所依赖的关系时，这种东西可以为其他人事物所享受，即在它和其他事物的联系和交互作用中，这种享受才变成一种价值。因此，“我们不能把任何享受的东西都当作价值……而必须用作为智慧行动后果的享受来界说价值”，“只有当这种享受以一种改变了的形式从智慧行为中重新产生的时候，它们才变成了价值。”② 在这里，杜威既肯定了价值的经验基础，又强调了人的理性因素在价值形成中的重要作用，得出了从智慧行动的后果来理解价值的结论。彰显行动，直面现实生活是杜威价值哲学的最显著的特点，这也使得他从各种关于价值是什么的价值本体论争论中解脱出来，为人们理解价值本质提供了一个崭新的视角。从行动的后果来界说价值，杜威认为“‘价值’不是一个名词，而是一个形容词；‘价值’

---

① ［美］杜威：《评价理论》，冯平等译，上海译文出版社 2007 年版，第 187 页。

② ［美］杜威：《确定性的寻求》，傅统先译，上海人民出版社 2004 年版，第 261 页。

不是一个实体概念，而是一个性质概念”[①]。因此，在《经验与自然》的序言中，杜威说：“价值是从自然主义观点被解释为事情在它们所完成的结果方面所具有的内在性质。”[②] 也就是说，在杜威看来，价值概念所表述的并不是一个独立实在的事物。而且，杜威对传统哲学关于价值本质的“关系说”进行了批判。“关系说”把价值看作是主体与客体之间的一种关系，比如喜欢、享受、想望等。杜威认为，传统哲学所理解这种关系是关于行为的交互作用之前的直接的或者静态的关系，这种静态的“关系说”比其他学说更能导致价值学科的混乱。因此，应该将直接的或静态的关系转变为关于行为的“交互作用关系”。

通过行动及其后果来解释价值的本质，杜威认为这是一种自然主义的价值论，因为这样使价值与自然、与人的行动之间联系起来了，既不同于那种为了要保持价值的客观性而把价值、经验与自然分割开来，也不同于那种为了保持价值的人生意义而把价值归结为单纯的情感判断。价值依赖于人的行动，存在于现实经验之中，而现实的经验与人的行动充满了不确定性。因此，如何控制事情的发展过程以求在终结时获得稳定的并倾向于创造其价值的对象，便成了价值问题的关键所在。而对于这个问题的讨论便导致关于价值判断或评价的问题。“因为这种通常称为终结（目的）而现在称为价值的东西具有这样的意义，所以重要的不是讨论和关心一种价值论而应是一种批评论，一种根据好（goods）所由出现的条件和它们所产生的后果来在这些好之中进行鉴别的方法。”[③] 在这里，杜威明确提出了价值问题实质上就是评价问题。

“这一种或者那一种的价值并不是稀有的和喜庆的节日所具有的特性，只要是任何对象被我们所欢迎和留恋的时候，只要是任何对象引起我们厌恶和反对的时候，即使这种留恋只是暂时的，而这种厌恶只表现为向另一事物偶然的一瞥，在这样的时候便发生了价值。”[④]

---

① ［美］杜威：《评价理论》，冯平等译，上海译文出版社 2007 年版，第 12 页。
② ［美］杜威：《经验与自然》，傅统先译，江苏教育出版社 2005 年版，第 6 页。
③ 同上书，第 251 页。
④ ［美］杜威：《经验与自然》，傅统先译，江苏教育出版社 2005 年版，第 253、254 页。

杜威在这里强调价值不是指人对它的态度发生之前该事物所固有的性质，而是人对它的态度发生时赋予该事物的某种性质。这样，杜威解释了价值的产生并对正价值与负价值进行了区分。在行动中，如果对象被我们欢迎和留恋，便产生了正价值；如果对象引起我们反对或厌恶，便产生了负价值。然而，不同的人对于对象的评价是不一样的，某个人欢迎或留恋的对象可能被别人反对或厌恶。那么判断好（正价值）坏（负价值）的标准是什么呢？杜威认为，好坏之间的差别主要以反省所具有的价值如何而定，而特别是以一个特殊的反省活动的价值如何而定。这也就是说，不可能存在一个脱离了特殊情境的各人之间所共有的价值标准。这就是说，在杜威看来，价值的产生源于对个体效用的评价。因此，虽然杜威坚持价值评价或者价值判断是客观的，因为他坚持价值来源于评价行动，来源于经验，来源于自然界，这也使他的价值哲学与洛采、文德尔班超验主义价值论区分了开来，并具有自然主义价值论的某些特征，但是从根本上来看，在对于价值本质的理解上他未能真正超越主观主义价值论。他把价值同具体的情境与智慧行动相联系，注重现实的行动的效果而忽视价值理想，反对存在人类共同的普遍价值与终极价值关怀。

第二节　事实与价值的关系

事实与价值的关系作为一个问题正式被提出来，始于英国哲学家休谟。在《人性论》中，休谟对以往的道德学体系中从“是”突然过渡到“应该”的做法提出了质疑，他说：“在我所遇到的每一个道德学体系中，我一向注意到，作者在一个时期中是照平常的推理方式进行的，确定了上帝的存在，或是对人事作了一番议论；可是突然之间，我却大吃一惊地发现，我所遇到的不再是命题中通常的‘是’与‘不是’等联系词，而是没有一个命题不是由一个‘应该’或一个‘不应该’联系起来的。这个变化虽是不知不觉的，却是有极其重大的关系的。因为这个应该与不应该既然表示一种新的关系或肯定，所以就必须加以论述和说明；同时对于这种似乎完全不可思议的事情，即这个新关系如何能由完全不同的另外一些关系推出来的，也应该举出理由加以说明。”① 在这里，休谟指出，人们习惯上从“是”突然过渡到“应该”，但不能给出相应的理由和根据。在休谟看来，关于“应该”的价值命题不可能从关于“是”的事实命题中直接推导出来，即从事实命题到价值命题没有必然的逻辑通道。休谟关于事实与价值关系的责难对于其后的西方哲学尤其是价值哲学研究产生了极为深远的影响。康德首次明确地划分了事实领域与价值领域，并且终其一生都在为两者的统一而不断思索。黑格尔的名言“凡是现实的都是合理的，凡是合理的都是现实的”。似乎实现了事实与价值的统一，但在他那里，“现实的”和“合理的”统一于绝对精神的自我运动与发展。在未能找到合理的解决方案之前，事实与价值的二分逐渐成为哲学研究尤其是价值哲学研究所坚守不变的一个重要教条。

一 价值与事实的对立统一

马克思哲学之前的哲学之所以未能解决事实与价值之间的理论难题，究其原因，是因为他们始终都是局限在理论范围内来讨论这一价值哲学难题。无论是理论基础，还是思维方式都拘泥于传统理论哲学的范围之内。正如我国学者指出：“坚持休谟法则、否认从事实判断能够导出价值判断的哲学家们的一个根本失误之处，就在于他们只是在抽象的理论范围内，仅仅用现有的传统的逻辑工具，去求解一个本质上是实践范围内的问题。这就导致了忽视人的具体的、历史的社会实践，无视历史与现实中一个普遍而又经常、自然而又自然的事实：在人与人类的具体的、历史的生活、实践活动中，并不存在事实与价值的不可逾越的鸿沟。”② 由此看来，事实与价值的关系不仅是个理论问题，更是一个实践问题。“凡是把理论引向神秘主义的神秘东西，都能在人的实践中以及对这个实践的理解中得到合理的解决。”③ 从现实的人出发，从人的实践活动出发，马克思的实践唯物主义为事实与价值关系难题的解决提供了新的视角和方法。

---

① ［英］休谟：《人性论》下册，关文运译，商务印书馆 1980 年版，第 509、510 页。

② 孙伟平：《事实与价值：休谟问题及其解决尝试》，中国社会科学出版社 2000 年版，第 182 页。

③ 《马克思恩格斯选集》第 1 卷，人民出版社 1995 年版，第 56 页。

在马克思那里，实践是人类特有的改造现实世界的对象性活动。在《1844年经济学哲学手稿》中，马克思把人的实践活动与动物的本能活动区分开来的同时，实际上也区分了人的实践活动的事实尺度与价值尺度。马克思以最基本的生产活动为例，对人的实践活动与动物的本能活动进行了对比分析，他说："动物的生产是片面的，而人的生产是全面的……动物只是按照它所属的那个种的尺度和需要来建造，而人懂得按照任何一个种的尺度来进行生产，并且懂得处处都把内在的尺度运用于对象；因此，人也按照美的规律来构造。"[①] 马克思在这段话中指出了人的实践活动与动物本能活动之间的本质区别在于：动物的生产活动只能依靠它所属的那个物种所赋予的自然属性本能地进行，只是无意识地适应自然环境，在本质上与生命活动是直接同一的；而人类则能够超越自然属性的限制，可以"按照任何一个种的尺度"来进行生产活动，从而使自己的生命活动变成自己意志和自己意识的对象。在这里，对于人的实践活动来说，"任何一个种的尺度"应该可以包括人在内的任何生物体完全随着客观条件和客观规律进行本能活动的尺度，亦即一种相当于自然事物发展的客观性尺度，也可以包括"内在的尺度"，即体现人的意志和目的的主体性尺度。所谓客观性尺度，主要指客体事物或者对象的本质属性、客体事物或者对象存在的客观条件及其发展的客观规律，它不仅规定着对象自身的发展变化，而且也是主体在实践活动中必须遵循的尺度。因而，客观性尺度亦即事实的维度。所谓人的"内在的尺度"亦即主体的能动性，主要指人的自主性、目的性等内在规定性，这种自主性和目的性表明人具有有意识的生命活动，体现了人的理想的、应然的价值追求。因而，人的"内在的尺度"亦即主体的价值维度。

从本质上来看，人的实践活动是一种创造性活动，在各种生产实践活动中，人创造出了许多自然界原本并不存在着的新事物，满足了自己各方面的需要，实现了自己的价值。但是，人并不能无中生有地进行创造活动，一切创造性实践活动只有按照客观对象的尺度，才能够取得成功。正如马克思指出的那样："人并没有创造物质本身。甚

① 《马克思恩格斯选集》第1卷，人民出版社1995年版，第46、47页。

至人创造物质的这种或那种生产能力，也只是在物质本身预先存在的条件下才能进行。"① 这说明，客观事实是人的实践活动的基础。一方面，客观事物有其自身的发展变化规律，它制约着人的主观意志和愿望。另一方面，人的实践活动并不是要实现事物本身的发展规律，而是为了实现自己的目的与需要，由于现有的客观世界常常不会以现有的形式直接满足于人的意志，从而人们决定以自己的实际行动来改变世界，使之服从人的目的与需要，即改变世界以使之为人服务。因此，在现实生活中，事实尺度与价值尺度是又往往表现为矛盾的两种对立面：事实尺度要求人们从客观事物出发，完全按照客观事物的本质属性及其发展规律来进行活动；价值尺度要求人们按照自己的主体本性，根据自己的目的和需要来进行行动。人的实践活动，实际上就是不断地协调和统一事实与价值之间矛盾的过程。在实践活动中，人在正确认识和把握客观事物及其发展规律的基础上，充分发挥人的主观能动性，在事实与价值、主观与客观、可能与需要之间进行双向调适，将两种因素有机地结合在一起，从而解决其矛盾，实现事实与价值的统一。

由此可见，事实与价值的关系问题不仅只是一个理论问题，而且也是一个重要的实践问题，因此，对两者关系的考察只能在现实的实践活动中寻找答案。"实践作为人的具体的、历史的、现实的感性活动，是沟通事实与价值的桥梁。"② 作为人类实践活动的两种基本要素，事实与价值既相互对立，又相互统一。在实践活动中，两者经常发生矛盾和冲突，但通过人的自觉的能动作用，两者在相互作用、相互转化中达到辩证的统一。

二 价值判断也是事实判断

事实与价值的关系问题自休谟提出以后，在以实证主义者为代表的众多西方哲学家的推崇下，事实与价值之间的鸿沟越拉越大，终于

---

① 《马克思恩格斯全集》第2卷，人民出版社1957年版，第58页。

② 孙伟平：《事实与价值：休谟问题及其解决尝试》，中国社会科学出版社2000年版，第73页。

形成了根深蒂固的二分理念。事实与价值的绝对二分成为价值哲学研究的一个重要教条。在存在论意义上，人们将世界划分为事实世界与价值王国两个彼此完全独立的领域；在认识论意义上，人们将价值判断视为与事实判断截然无涉的主观判断，认为对价值判断进行理性分析和研究是不可能的，也是毫无意义的。在杜威看来，事实与价值的二元划分问题，绝不只是一个象牙塔里的问题，"简直可以说是一个生死攸关的问题"①。因为价值问题是人类生活中的核心问题，事实与价值的绝对二分意味着哲学与现实生活的隔绝，意味着哲学没有指导人生实际事务之可能。因此，坚持经验自然主义的基本立场，以经验、行动为基础，颠覆价值哲学关于事实与价值二分的教条成为杜威哲学改造的最为重要的任务之一。正如普特南所说，反对事实与价值的绝对二分、主张事实与价值缠结在一起并相互依赖的观点，"实际上是约翰·杜威在他的整个漫长和典型的一生中所捍卫的一种观点"②。

在杜威看来，事实与价值的关系问题已经成了困扰西方近代哲学界的一大理论难题。康德把自然科学局限于时空的现象世界以内，而把"高级本体的实在世界"看作理想的和精神的价值所专有，每个领域都有独立的主权，"不容许有任何具体的和经验的材料去影响最后的道德实在"③。虽然在《判断力批判》等著作中，康德又有缓和过于严格地分割这两个领域的情况的意思，企图通过某种联系而将两者统一起来。只是由于他的工作过于仓促，而现象世界与物自体之间的鸿沟又是如此之深，使得康德的努力未能如愿。在此之后，费希特、黑格尔等都希望能完成康德未能完成的工作。费希特试图从"道德的自我"方面来统一事实与价值，他认为知识中"实然"是从道德中的"应当如此"中演化出来的，黑格尔则试图以"绝对精神"来实现实在与理想的永恒合一。然而，近代唯心主义轻视实践的缺陷导致他们的统一工作最终未能完成。杜威认为，事实与价值截然二分

① ［美］普特南：《事实与价值二分法的崩溃》，应奇译，东方出版社2006年版，第2页。
② 同上书，第10页。
③ ［美］杜威：《确定性的寻求》，傅统先译，上海人民出版社2004年版，第57页。

实际上是价值哲学延续古典哲学区分物质与精神、思维与存在等“二元论”思维方式的产物，造成上述理论困境的一个重要原因就在于人们始终坚守着价值命题与事实命题在本质上是截然不同的这一错误前提。他说：“价值与事实的关系问题之所以是一个争论焦点或一个需要解决的难题，就是因为有人认为，价值命题，由于某种原因，是命题的一种特殊的类型，这种命题本质上就与关于事实的命题截然不同。”[①] 而关于价值命题在本质上与事实命题是截然不同的这一假设，杜威认为，根据其理论基础可以表述为：“价值的命题不是关于时空事实的命题。”[②] 在这里，杜威对事实与价值的关系问题进行了一系列的简化和转换。他把所有关于事实与价值关系问题的争论归结为关于“价值命题在本质上与事实命题是截然不同的”这一假设，并根据这一假设的理论基础而把事实与价值的关系问题转换为“价值的命题不是关于时空事实的命题”。通过简化和转换之后，对于这一问题的回答自然就简单得多了。当别人问及：“有没有这样一种作为价值的东西，它既不是某一事物的价值、不是某一事件的价值，也不是某一情境的价值呢？”杜威的回答是干脆而明确的：“没有。”[③] 在这里，杜威指出，任何价值或者是某一事物的价值、或者是某一事件的价值、抑或是某一情境的价值，也就是说，价值总是和事物、事件或情境紧密相连。因此，和其他许多价值哲学领域的研究者不一样，杜威对于价值与事实关系的解释和论证总是结合具体的经验活动情境来进行的。

杜威指出，“价值领域是一种可以观察的、存在于时空中的事实”[④]，而且，价值命题是可以接受经验观察并能被经验所证实的。杜威认为，从经验之外的源泉中引入价值概念，把价值、价值评价排除在经验事实之外，这只是人类心灵曾有过的最稀奇古怪的信念之一。事实上，被人们所认为是宝贵的或珍贵的东西以及珍视这些东西的根据，无论是个人的还是群体的，在原则上都是可以被证实的，尽

① ［美］杜威：《评价理论》，冯平等译，上海译文出版社2007年版，第193页。

② 同上。

③ 同上书，第201页。

④ 同上书，第200页。

管这一证实过程所遇到的实际困难是巨大的。杜威以一个人喊叫“着火啦”或者“救命”为例，论证了价值命题与事实命题一样可以得到具有经验证据的检验。杜威认为，虽然“着火啦”或者“救命”用词很少，但是如果将其放在现实情境中来考察，这种喊叫是可以用命题表述的，并且喊叫与其所要达到的结果也都是可以观察的。求援时的哭喊实际上表达了当时的境况是“坏的”，赋予了实际情况以否定性价值命题，而假如这种哭喊产生了作用，那么期望达到的未来境况就是“比较好的”，则赋予了预期状况以相对肯定性价值命题。通过分析可见这种喊叫表达了：“（1）存在一种将带来不良后果的境况；（2）做出这些表达的人不能应付这一境况；（3）如果能得到他人的援助，那么这种境况将得到改善，喊叫者所期望的就是这种境况的改善。”① 这三点都可以得到具有经验证据的检验，因为它们所涉及的内容都是可观察的。譬如，第三个命题，即期望命题就可以通过观察具体情形中事情的发展而得到检验。

杜威认为，既然价值也是一种可以观察的、存在于时空之中的事实，在原则上都能够被经验所证实，那么，价值命题与事实命题是截然不同的这一假设就是不能成立的。如果这种假设不成立了，那么人们经常谈到的那些关于事实与价值关系的见解和论题，就几乎没有任何意义了。由于价值也是一种可以观察的、存在于时空之中的事实，所以关于事实与价值关系问题的讨论的主题实际上就可以转化为关于“价值—事实”与其他事实之间的关系。而关于这类问题的讨论与“地质学命题与天文学命题的关系问题”“流星命题与彗星命题的关系问题”等没有什么本质差别，从而所谓的价值哲学难题也只不过是关于两个不同系列的事实之间联系的普通问题。这样，通过一系列的转换与简化，杜威把传统二分的事实与价值统一了起来。因此，杜威认为，在具体的生活情境中，事实判断与价值判断两者并没有本质的区别，价值判断也是事实判断，两者的差异只是存在于事实判断内部。

杜威强调了价值的具体情境与现实基础，通过对价值的客观事实

---

① ［美］杜威：《评价理论》，冯平等译，上海译文出版社 2007 年版，第 16 页。

基础的论证强调了事实与价值之间的密切联系，在一定程度上突出了价值的客观性（客观基础），这表明杜威的价值哲学的确有别于超验的主观价值哲学。然而，尽管杜威没有直接把事实与价值等同起来，但是他在一系列的转换与简化中抹杀了事实与价值之间的本质区别。我们必须注意，尽管价值的客观事实基础是价值与事实关系问题的一个非常重要方面，但是不能将事实判断与价值判断的关系问题简单地等同于价值是否具有客观事实基础的问题，因为这是两个截然不同的问题。

第三节 实践与行动自身的价值考察

以上我们从价值论视阈，通过对于价值的本质以及事实与价值关系这两大价值哲学主题的考察，分析了马克思与杜威对于实践与价值创造之间关系的各自理解。其实，除了实践与价值创造的关系之外，实践的价值论视阈还蕴含着另外一层深刻含义，即对于实践自身是作为目的、还是作为手段，抑或是目的与手段的统一的价值考察。作为现代哲学，马克思哲学与杜威哲学都主张要让哲学关注人的现实生活，都是在与现实生活相同的层次上使用了实践或行动概念。但是，在两种哲学中，实践或行动蕴含着不同的价值内涵。在马克思哲学看来，实践是人的存在方式，是目的与手段的统一。而在杜威哲学那里，行动是人们逃离生活危险、解决生活问题的工具和手段。

一 作为人的存在方式的实践

众所周知，马克思的实践观是对自亚里士多德以来的实践哲学传统的批判性继承。亚里士多德曾经对目的与手段进行过明确的区分，他推崇目的而贬低手段，认为目的在价值上明显高于手段。并且，根据人类各种活动的自身价值的高低，亚里士多德把人类活动分为创制活动、政治伦理活动以及理论思辨活动三种基本方式。其中，生产活动、技术活动等各种创制活动是以自身之外的东西即其所生产的产品为目的，其目的是外在的而不是在活动本身之内，活动本身只是一种手段，因而是一种低贱的活动。因此，创制活动被亚里士多德排除在实践活动之外。政治伦理活动是免于从事生产劳动的人处理人与人之间关系的行动，是一种以自身为目的的活动，是人类实践活动的基本形式。理论思辨活动不以任何自身以外的目的为目的，在最终意义上自身便是目的，因此，是一种最高贵、最幸福的生活，是最高形式的实践。

与亚里士多德哲学相类似的是，马克思哲学也认为实践在本质上首先是一种自为目的的活动。但是马克思把亚里士多德排除在实践范畴之外的生产劳动这一创制活动看作是人类实践活动最基本形式。因为马克思认为，亚里士多德所称颂的政治伦理活动和理论思辨活动都要以他所讲的创制活动为基础，并且只有创制活动才能在现实性上实现对物质世界自在性的扬弃，实现人的自由。正是在这种意义上，马克思认为人们变革物质世界以满足其需要的实践活动是人的本质性活动，实践活动是人的自主、自由和创造性的确证。马克思指出，只有人们在被物品所奴役的状况下，才使自己变为手段、工具。但是人可以通过进一步发展提升自己，使自己作为人而不是作为物质的奴隶来进行生产。这种情况下，生产就成为人的本质力量的确证，从而成为自为目的的活动。他说："假定我们作为人进行生产。在这种情况下，……我在我的生产中物化了我的个性和我的个性的特点，我既在活动时享受了个人的生命表现，又在对产品的直观中由于认识到我的个性是物质的、可以直观地感知的因而是毫无疑问的权力而感受到个人的乐趣"，同时"在我个人的活动中，我直接证实和实现了我的真正的本质，即我的人的本质，我的社会的本质"①。因此，在马克思看来，那些塑造和确证人的本质力量的对象性活动，是人的自我实现，是一种自为目的的活动。

在马克思看来，物质生产劳动是人类最基本的实践活动，也是人的各种本质力量得以确证的一种自我实现的活动，因而劳动本身就是目的。既然劳动实践是一种自为目的的活动，那么，它就不能仅仅被视作是一种工具和手段。从根本上来说，实践是人的存在方式，因为人是什么样的人与他本身所从事的实践活动是一致的，只有在异化劳

---

① 《马克思恩格斯全集》第 42 卷，人民出版社 1979 年版，第 37 页。

动的情况下，实践才仅仅表现为一种手段或工具。马克思指出，物质生产劳动在本质上是一种“对象化”活动。所谓“对象化”，是指劳动过程中主体客体化和客体主体化的双向过程，一方面指劳动者把自己的本质力量作用于外在客观事物，使客观事物的状态和性能等发生改变以满足主体的需要；另一方面指劳动者不断地使自己的本质力量对象化的过程中，为自己创造了一个属于人的对象世界，直观自身、确证自身。但是，当“对象化”发展到一个极端时就会走向它的反面，进而排斥、疏远甚至与人相背离，否定人的本质力量，这时“对象化”活动就表现为“异化劳动”。“异化劳动把自我活动、自由活动贬低为手段，也就把人的类生活变成维持人的肉体生存的手段”①，劳动者“在劳动中不是肯定自己，而是否定自己，不是感到幸福，而是感到不幸，不是自由地发挥自己的体力和智力，而是使自己的肉体受折磨、精神遭摧残”。在这种异化的状况下，“外在的劳动，人在其中使自己外化的劳动，是一种自我牺牲、自我折磨的劳动”②。劳动应该是劳动者生命的本质体现，应该是劳动者发挥主观能动性和创造性改变世界创造对象以实现自身的自由自主的活动，但是，在异化劳动的情况下，劳动不再是自为目的的自由的自觉的生命活动，而只是一种目的外化的谋生手段，劳动变成一种“不依赖于他、不属于他、转过来反对他自身的活动”，劳动活动与劳动者自身是一种异己性的对抗性关系，劳动者与自己的生存需要相对立并被自己的生存需要所奴役。那么，人的本质活动的劳动为什么会异化为一种谋生的手段、异化为与人的本质相对抗的力量呢？马克思指出，异化劳动都是私有制尤其是资本主义私有制造成的恶果，“私有财产”的存在改变了劳动的性质，加深了劳动的异化，加深了对劳动者的奴役。

马克思认为，要摆脱人的受奴役的状态而实现人的解放，必须实现对异化劳动的扬弃，要扬弃异化劳动必须要扬弃“现实的私有财产”，“要消灭现实的私有财产，则必须有现实的共产主义行动”③。

---

① 《马克思恩格斯全集》第42卷，人民出版社1979年版，第97页。

② 同上书，第93、94页。

③ 同上书，第140页。

在马克思看来，现实的共产主义运动是对异化劳动造成的人的异化进行否定或扬弃的根本方式。这种“共产主义运动是私有财产即人的自我异化的积极的扬弃，因而是通过人并且为了人而对人的本质的真正占有；因此，它是人向自身、向社会的（即人的）人的复归，这种复归是完全的、自觉的而且保存了以往发展的全部财富的”①。显然，马克思在这里所讲的“人的本质的真正占有”或“复归”实际上就是指人的解放，而且首先是“劳动的解放”。实现人的解放的现实的运动是扬弃私有财产的共产主义运动，它“完全的、自觉的而且保存了以往发展的全部财产”。“这种共产主义，……是存在和本质、对象化和自我确证、自由和必然、个体和类之间的斗争的真正解决。”②在这里，“存在和本质、对象化和自我确证、自由和必然、个体和类之间的斗争的真正解决”，也意味着目的与手段的对立的真正解决。于是，在共产主义式的异化劳动的扬弃中实现了目的与手段的统一。由此可见，从根本上来说，实践是人的存在方式，是目的与手段的统一。

二 作为解决问题手段的行动

如前文所指出，杜威眼中的世界充满了不确定性和危险性，那么生活在危险世界中的人便不得不寻求安全。杜威认为，人对于生活中危险的逃避的途径有两种：“一种途径是在开始时试图同他四周决定着他的命运的各种力量进行和解”；“另一种途径就是发明许多艺术，通过它们来利用自然的力量；人就从威胁着他的那些条件和力量本身中构成了一座堡垒”③。第一种途径经常所采取的和解方式有祈祷、献祭、巫祀以及忏悔等，这是一种在情感和观念上改变自我的办法，杜威将其称之为“精神的慰藉”。在现实生活中，“精神的慰藉”并不能获得实际的效果。第二种途径所采取的方式就是发明一些“艺术”来控制自然的力量和法则，在这里，杜威所说的“艺术”实际

① 《马克思恩格斯全集》第42卷，人民出版社1979年版，第120页。

② 同上。

③ ［美］杜威：《确定性的寻求》，傅统先译，上海人民出版社2004年版，第1页。

上是指“技艺”“技术”等。这是一种通过行动改变世界的方法，杜威称之为“实际的行动”。在杜威看来，只有行动、实践才是获得安全价值的唯一手段。但杜威同时也强调，缺乏知识指导的单纯活动、盲目的动作同样是不会取得令人满意的效果，因而需要知识和行动经常有效地结合在一起，“当动作受着知识的指导时，它是一种方法和手段而不是一个目的”。杜威指出，“实用主义的工具主义的实质就是要把知识与实践两者都视为在经验存在中获得善果（即各种优越结果）的手段”①。由此可见，在杜威看来，行动在本质上是人们躲避危险、寻求安全、获得成功的一种工具或手段。

杜威认为，把行动看作是手段和工具并不会贬低行动的价值。在他看来，把价值划分为内在高尚的“目的”和内在低下的“手段”两类价值，是重目的而轻手段、重知识而轻行动的传统二元论哲学所主张的错误观点。传统哲学割裂了目的与手段的联系，轻视手段而片面地强调目的，从而将目的绝对化。杜威认为：“自命抱着目的而轻视实行手段，是最危险的自欺。”② 漠视手段会导致人的斗志麻痹，从而以情感上的留恋和主观上的赞颂来代替实际的行动。因此，杜威主张用实验的方法来改造传统哲学，把实验的方法推广到价值哲学领域，“把方法和手段提高到前人单独给予目的的那个重要地位上去了”③。从实验主义出发来进行考察，目的与手段不仅是同等重要的，而且是不可分割、相互依存的。在现实生活中，无论是目的的确立还是目的的最后实现都必须依靠所采取的手段。首先，“在行动中目的和理想是根据现实经验情境的可能性来构造的”④。杜威认为，目的确立不是任意的操作。在行动中，人们在具有理论可能性的诸多目的中选择构建某个目的，而不是其他目的，其根据是什么？杜威认为，只能根据使之成为现实的那些条件与手段。目的确立依赖于对实现条件与手段的评估，除非考虑使之成为现实的手段，哪怕只是考虑一点点，否则就不可能将某事物确立为可以预见的目的。“只有以使目的

① ［美］杜威：《确定性的寻求》，傅统先译，上海人民出版社2004年版，第34页。
② ［美］杜威：《哲学的改造》，许崇清译，商务印书馆2004年版，第43页。
③ ［美］杜威：《确定性的寻求》，傅统先译，上海人民出版社2004年版，第281页。
④ 同上书，第287页。

得以实现的那些手段为基础，目的才是确定的。”[①] 实验主义强调的试错法，就是考虑采用什么样的材料和通过什么步骤才能使欲望的目的成为现实。在对材料与步骤的权衡过程实际上就包含了对作为可选择手段的不同材料和步骤的比较与评估。其次，“如果一个人要想达到一个特定的结果，他就必须符合于一些条件，而这些条件乃是获得这个结果的手段；如果一个人要想以最高限度的效能来达到这个结果，他就必须符合于与这个意向有着必然关系的条件。形式上的关系标志着一种结构上的必然性；这种形式上的关系是符合于用来作为手段以达到一个目的的条件的”[②]。所有目的的实现都必须依赖于所采取的手段，在某种意义上，对手段的选择就决定了目的的实现与否或者实现程度。因此，杜威认为，在废弃了贬低手段而推崇目的、割裂目的与手段的联系的传统“二元论”观点之后，作为工具和手段的行动在价值上获得了最公平的意义。在这里，杜威针对轻视手段、贬低手段价值的传统哲学，主张要把手段提到与目的同等重要的地位，但他关于目的与手段的论述也存在着以下两个方面的问题：其一，目的的提出和确立尽管依赖于手段，但并不是完全由手段决定的，而杜威却片面地认为目的的确立完全是由手段决定的；其二，事实上，在目的与手段的关系上，一般来说都是目的决定手段，因为目的既有客观因素又有主观需要。杜威只看到了其客观因素制约的一面，却未曾看到目的的主要方面是关乎人的需要，正是人的需要及其发展激发着人去创造新的工具和手段。片面强调手段的重要性，也会导致人在自然界面前的消极被动。

此外，把行动仅仅视为一种工具和手段，很容易让人将其与功利主义联系起来。为此，杜威不得不经常为自己的工具主义进行辩护。在杜威看来，作为手段和工具的行动的范围不能仅仅限于专图私利的动作，尤其不能一般地局限于贪图便宜的事物或功利的事情。他说：“保持和散播理智上的价值、道德上的良善、美术上的美妙，以及在

① ［美］杜威：《评价理论》，冯平等译，上海译文出版社 2007 年版，第 61 页。

② ［美］杜威：《确定性的寻求》，傅统先译，上海人民出版社 2004 年版，第 163、164 页。

人类关系中维持秩序和礼节等都是依赖于人们的行为的。”① 因此，“我们应该把实践当作是我们用以在具体可经验到的存在中保持住我们判断为光荣、美妙和可赞赏的一切事物的唯一手段”②。

杜威将人的行动视为一种手段与工具，一方面必然会贬低行动，因为依此看来行动不仅不构成人与动物的本质区别，反而成为人与生物界、无机界共同的运动；另一方面在逻辑上必然会将欲望看成是人的真正目的，而使人的躯体活动成为欲望与欲望对象的奴隶，而没有自身存在的价值。杜威的这种实用主义的工具论是与实用主义缺失人类终极价值关怀相关联的。

小 结

本章从价值论视角对马克思实践观和杜威行动观进行了比较分析。在价值问题上，马克思哲学坚决反对把价值作形而上学的超验预设，通过社会生产劳动这一最基本的实践活动来解释价值的本质，把人的实践视为价值创造的真正源泉，并以此来拒斥传统哲学关于事实与价值的二元对立。与马克思哲学相类似，杜威也反对追求绝对价值的超验价值论，主张通过行动及其后果来理解价值的本质，并通过对于现实情境的考察，论证了事实与价值之间的密切联系。但两种哲学关于价值问题的阐释又存在着本质区别：第一，在价值的本质上，马克思从社会生产实践活动出发揭示了价值的本质，以人的自由而全面发展来规定人的终极价值，把终极价值的实现理解为一种以实践为基础的历史过程；而杜威从具体的生活情境出发，通过对行动效果的强调把价值的本质问题转化为对个体行动效果的评价问题，反对存在人类共同的普遍价值与终极价值关怀。第二，在关于事实与价值的关系上，马克思的实践唯物主义从人的实践活动出发，指出了事实与价值的对立统一关系，为事实与价值关系难题的解决提供了新的视角和方法；杜威将事实判断与价值判断的关系问题简单地等同于价值是否具

① ［美］杜威：《确定性的寻求》，傅统先译，上海人民出版社 2004 年版，第 28 页。

② 同上书，第 29 页。

有客观事实基础的问题，从而消解了事实与价值之间的本质区别。第三，在关于实践自身的价值方面，杜威未能看到行动本身能够形成作为人所应有的一些优秀品质和能力，如勤劳、勇敢、坚毅、执着以及技能等，离开行动它们都无法形成。这些东西正是构成一个人所不可缺少的。而马克思看到了。所以，马克思认为，实践是塑造和确证人的本质力量的对象性活动，是人的自我实现，因而是一种自为目的的活动。但是，杜威仅仅将行动视为人们解决生活问题的谋生手段。

第五章　实践唯物主义与经验自然主义

现代西方哲学在很大程度上是对西方传统哲学尤其是近代西方哲学基本倾向的彻底颠覆。马克思立足于现实的生活实践，对全部西方形而上学传统进行了批判和改造，使得马克思成为现代西方哲学的奠基者。马克思之后，杜威在哲学上明确地提出反对那种强调理论思辨的传统形而上学，主张哲学要转向现实生活和实践，抓住了“人的行动”这一中心环节，以“改变世界”为主旨，推进了哲学思想的变革和改造，突出地体现了现代哲学对西方传统哲学的超越。这也使得杜威能够与马克思共享实践哲学的基本立场。但对于实践或者行动的理解，马克思哲学与杜威哲学又存在着根本分歧，马克思哲学的实践是人类改造世界的社会历史活动，杜威哲学则将实践诠释为个体的生活经验。由于对实践与行动的不同理解，以及不同的哲学改造使得马克思哲学与杜威哲学成了两种不同的实践哲学。在哲学总体上，马克思以人的社会实践活动为基础来变革传统哲学，实现了对唯心主义与旧唯物主义的超越，创立了“实践唯物主义”；杜威从主客不分的“一元论的经验”出发，以现代科学成果和方法来改造传统哲学，建立了“经验自然主义”。

第一节　马克思的实践哲学与哲学的变革

反对并改造传统二元论哲学是现代西方哲学的共同使命。马克思的实践哲学变革以现实的人的实践活动为基础，首次颠覆了这种二元论的形而上学传统，超越了传统唯物主义与唯心主义的问题域，改变了主体与客体二元对立的思维模式。

从总体上来看，马克思以现实的人的实践活动为基础来变革传统哲学，但这并不意味着改造后的马克思哲学是对原有西方传统哲学主题的延伸。马克思的哲学改造并不是以实践取代传统哲学的“绝对本体”而重建新的形而上学体系，而是对传统形而上学体系的彻底颠覆，实现了从理论哲学范式到实践哲学范式的根本转变。改造后的实践唯物主义是一种与传统形而上学截然有别的旨在实现人类解放的世界观和社会历史观。因此，马克思的哲学改造常常被人们称之为“哲学革命”。

一　传统哲学的二元对立

自柏拉图以来的西方传统形而上学从根本上来说是一种二元论思维方式。柏拉图的理念论把世界一分为二，他在区分了理念世界与物理世界之后，总是无法解决这两个世界如何相互联系的问题。“对于柏拉图来说，一方面‘灵魂’是活的元素，它自己运动，也使其他事物运动；另一方面它又是知觉、认识、意志的主体。作为生命和运动的原则，灵魂属于‘流变’的低级世界。”[①] 也就是说，作为感官对象时，灵魂属于低级的物理世界，作为理念的真知时，灵魂又属于高级的理念世界。这不仅是柏拉图无法解决的问题，而且几乎成了柏拉图之后的整个哲学所面临的理论难题。笛卡尔的近代哲学不仅没有解决这个问题，而且将这种二元划分拓展到更加宽广的领域。随着认识论哲学的形成与发展，这种主客二元对立的思维模式达到了极致。在《路德维希·费尔巴哈和德国古典哲学的终结》一文中，恩格斯在总结哲学史的基础上提出了关于哲学基本问题的著名论断：“全部哲学，特别是近代哲学的重大的基本问题，是思维和存在的关系问题。”[②] 对于“思维和存在的关系问题”的不同回答，形成了唯物主义和唯心主义、可知论与不可知论等相互对立的哲学理论与派别。全部哲学，尤其是近代哲学的各种二元对立实际上都是围绕着“思维和存在的关系问题”而展开的。整个近代哲学始终都是在思维与存在、

---

① ［德］文德尔班：《哲学史教程》上卷，罗达仁译，商务印书馆 1997 年版，第 170 页。

② 《马克思恩格斯选集》第 4 卷，人民出版社 1995 年版，第 223 页。

精神与物质、主体与客体、主观与客观等二元对立中去寻找思维的客观性或存在基础，始终都是在认识论的意义上去寻找解决“思维和存在的关系问题”的答案。在马克思哲学产生之前，黑格尔哲学与费尔巴哈哲学都曾试图克服近代哲学的主客二元对立。

早在《费希特与谢林哲学体系的差别》中，黑格尔就明确提出，“哲学的根本任务是要克服表现在文化中的种种二元对立与分裂”①。克服和解决二元论问题是黑格尔哲学批判的根本旨归。黑格尔驳斥了近代哲学把思维与存在对立起来的知性论观点，从思维自身的矛盾运动中论证了思维与存在的同一性，阐述了思维如何通过自身的矛盾运动而产生存在，然后思维又是怎样去克服存在，最后思维与存在达到同一的辩证过程。但是，黑格尔对思维与存在的二元对立问题的解决是以思维的逻辑先在性为基础的。在黑格尔看来，人们在现实世界所认识的正是世界的思想内容，是那种使现实世界成为绝对观念的逐步实现的东西，而绝对观念是不依赖世界而预先存在的。正如恩格斯所指出，黑格尔“要证明的东西已经默默地包含在前提里面了”②。从思维出发，把存在看作是思维的思想内容，并在思维中得到同一，黑格尔所讲的思维与存在的同一实质上是指思维与自身的同一。因此，在《黑格尔法哲学批判》中，马克思对黑格尔哲学的二元论本质进行了批判，并深刻地指出：“本质的真正二元论是没有的。”③

与黑格尔不同，费尔巴哈认为人是思维与存在统一的基础。他说：“思维与存在的统一，只有在将人理解为这个统一的基础和主体的时候，才有意义，才有真理。”④ 但是，费尔巴哈所指的“人”，不是指“现实的人”，“历史的人”，而是指“抽象的人”。他把人看作是与自然一样的客体，并且只有将自己降低为客体，才能将自己提高为客体，认为“你的思想只有通过客观的考验，只有为作为你的客体的别人承认的时候，才是真实的”⑤。虽然，他主张要通过客观的考

① 张汝伦：《从黑格尔的康德批判看黑格尔哲学》，《哲学动态》2016 年第 5 期。

② 《马克思恩格斯选集》第 4 卷，人民出版社 1995 年版，第 225 页。

③ 《马克思恩格斯全集》第 1 卷，人民出版社 1956 年版，第 356 页。

④ 《费尔巴哈哲学著作选集》上卷，荣震华等译，商务印书馆 1984 年版，第 181 页。

⑤ 同上。

验来检验人的思想，来达到思维与存在的统一，但是由于这个客体也是指人，所以费尔巴哈所讲的“思维与存在的统一”，根本上来说，还是思维与思维的统一。

黑格尔哲学、费尔巴哈哲学以及其他近代哲学存在着一个共同的根本性缺陷，就是离开了人的实践活动及其历史发展去理解“思维与存在的关系问题”。因此，在马克思哲学产生以前，哲学史上的二元论从来没有得到过真正的解决。

二 以实践变革传统哲学

从马克思哲学的观点来看，传统哲学一直未能解决二元对立问题的真正原因在于哲学脱离了现实生活，始终只是停留在理论的层面。在《1844 年经济学哲学手稿》中，马克思明确指出：“我们看到，主观主义和客观主义，唯灵主义和唯物主义，活动和受动，只是在社会状态中才失去它们彼此间的对立，并从而失去它们作为这样的对立面的存在；我们看到，理论的对立本身的解决，只有通过实践方式，只有借助于人的实践力量，才是可能的；因此，这种对立的解决决不只是认识的任务，而是一个现实生活的任务，而哲学未能解决这个任务，正因为哲学把这仅仅看作理论的任务。”① 因此，马克思的哲学变革，拒斥传统形而上学，既反对以脱离人的自然为出发点的旧唯物主义，又反对以纯粹精神为出发点的唯心主义，坚持以人的现实的存在方式，即人的实践活动及其历史发展为出发点，把“思维与存在的关系问题”建立在实践的基础上，科学地解决了哲学的基本问题，从而成功地克服了近代哲学的主客二元对立模式，实现了对唯心主义与旧唯物主义二元抽象对立的超越。

在马克思看来，人的思维的最本质、最切近的基础，既不是思维本身，也不是与思维相对立的存在，而是把思维与存在现实地联系起来的中介——人的目的性和对象性活动即实践。从实践出发，就是从思维与存在、主观与客观相互作用的总体出发，而不是片面地抓住两者对立中的其中一个方面，这是由实践的本质所决定的。实践活动既

① 《马克思恩格斯全集》第 42 卷，人民出版社 1979 年版，第 127 页。

是思维与存在统一的现实基础，又是思维与存在的矛盾无限展开的实质性内容。在人类的实践活动中，蕴含着思维的能动性与对象的现实性、主体的目的性与客体的规律性、人的尺度与物的尺度等各种对立统一关系。实践是联系思维与存在、物质与精神、主观与客观的纽带，是两者相互转化的中介。因此，实践活动可以突破两者的片面性与局限性，从而成为两者沟通的桥梁。从实践出发，存在不再是那种与人无关的自然实在，思维也不再是那种绝对化的精神世界，“思维与存在的关系问题”不再是主观与客观截然无涉的完全对立的关系，而是以“感性活动”为基础的“现实的人”与“现实的世界”之间的关系。“感性活动”是人的社会实践活动，“现实的人”是从事社会实践活动的人，“现实的世界”是人的实践活动的对象化。这样，在实践唯物主义哲学中，“思维与存在的关系问题”不再是一种静态的固定关系，而是以实践为基础的人与世界之间的现实的、历史的、发展着的动态关系，两者在现实的、历史的、发展的相互作用中实现了统一。正如马克思所指出：“凡是把理论引向神秘主义的神秘东西，都能在人的实践中以及对这个实践的理解中得到合理的解决。”①

但是，在马克思哲学中，这种统一是以思维与存在区分以及存在决定思维为前提的。在《1844 年经济学哲学手稿》中，马克思曾明确指出：“以货币为基础的有效的需求和以我的需要、我的激情、我的愿望等等为基础的无效的需求之间的差别，是存在与思维之间的差别，是只在我心中存在的观念和那作为现实对象在我之外对我存在的观念之间的差别。”② 在马克思看来，正是这种区分与对立为人们的实践活动提供了基础和动力。人们通过现实的活动来解决思维与存在之间的矛盾与对立，实现两者的统一。所以，马克思认为“思维和存在虽有区别，但同时彼此又处于统一中”③，“意识在任何时候都只能是被意识到了的存在，而人们的存在就是他们的现实生活过程”④。这样，马克思在肯定思维与存在异质性的基础上，论述了在人的实践

① 《马克思恩格斯选集》第 1 卷，人民出版社 1995 年版，第 56 页。

② 《马克思恩格斯全集》第 42 卷，人民出版社 1979 年版，第 154 页。

③ 同上书，第 123 页。

④ 《马克思恩格斯选集》第 1 卷，人民出版社 1995 年版，第 72 页。

活动中思维与存在的统一性，既消解了直观唯物主义所具有的主观认识如何符合客观世界的难题，又是对唯心主义以思维是存在的本质的假设为前提、用思维统摄存在的批判，从而实现了对近代哲学的主客二元对立模式的真正超越。

三 实践唯物主义的创立

马克思哲学是在积极继承西方传统哲学的优秀成果的基础之上产生的，这表明马克思哲学并没有完全脱离西方传统哲学的发展道路，但它对传统哲学的改造，又使得它突破了传统理论哲学框架的束缚，实现了对传统哲学的超越。在西方传统哲学中，对马克思哲学产生直接影响最大的莫过于黑格尔的思辨哲学和费尔巴哈的人本学唯物主义。马克思哲学正是通过以科学的实践观对这两种传统哲学的改造而实现了对唯心主义和旧唯物主义的超越。

黑格尔哲学对马克思尤其是青年时期的马克思思想产生过非常重要的影响。但通过对现实的革命斗争的认识，以及对政治经济学进行研究的基础上，马克思对黑格尔哲学进行了彻底的批判和改造。事实上，与马克思相似，曾经有许多的德国哲学家都试图批判和改造黑格尔哲学，并在这一方面进行了种种努力。但有意思的是，他们的批判和改造又基本上是在黑格尔哲学体系大厦里面所进行的。在《德意志意识形态》中，马克思明确地指出了德国哲学批判的缺陷所在。他说："对黑格尔的这种依赖关系正好说明了为什么在这些新出现的批判家中甚至没有一个人试图对黑格尔体系进行全面的批判，尽管他们每一个人都断言自己已经超出了黑格尔哲学。"① 也就是说，在马克思看来，德国哲学对于黑格尔哲学的批判几乎都是依赖于黑格尔哲学体系而进行的。因此，马克思主张对黑格尔哲学体系进行全面的批判和彻底的改造。

早在《神圣家族》中，马克思就曾指出："在黑格尔的体系中有三个因素：斯宾诺莎的实体，费希特的自我意识以及前两个因素在黑格尔那里的必然的矛盾的统一，即绝对精神。第一个因素是形而上学

① 《马克思恩格斯选集》第1卷，人民出版社1995年版，第64页。

地改了装的、脱离人的自然。第二个因素是形而上学地改了装的、脱离自然的精神。第三个因素是形而上学地改了装的以上两个因素的统一，即现实的人和现实的人类。”① 在这里，马克思认为，黑格尔以绝对精神为本体的哲学体系是对斯宾诺莎的实体哲学和费希特的自我意识哲学的批判继承的综合物，因此，黑格尔哲学的绝对精神实质上是自然和精神的统一体：现实的人和现实的人类。这样，马克思就将绝对精神的唯心主义外壳剥除，让其真实内容呈现出来。因此，马克思的哲学革命就是要以现实的人或实践的观点去改造黑格尔的概念体系，打破以绝对精神建立起来的形而上学体系。于是，现实的人而不是绝对精神成为哲学出发点，从现实的人以及现实的人的活动出发来理解自然和精神，人化了的自然界才是现实世界，发展了的精神是人的实践活动的结果。实践成为哲学的基础和出发点，实现了从理论哲学范式到实践哲学范式的根本性变革。

当然，马克思的改造也并非如后来法国结构主义马克思主义者阿尔都塞所说的那样是对黑格尔哲学的完全否定。相反，马克思吸取了黑格尔哲学中诸多合理因素。在对黑格尔《精神现象学》的评价时，马克思认为：“黑格尔的《现象学》及其最后成果——作为推动原则和创造原则的否定性的辩证法——的伟大之处首先在于，黑格尔把人的自我产生看作一个过程，把对象化看作失去对象，看作外化和这种外化的扬弃；因而，他抓住了劳动的本质，把对象性的人、现实的因而是真正的人理解为他自己的劳动的结果。”② 在这里，马克思充分肯定了黑格尔的否定性的辩证法思想，认为黑格尔辩证法的伟大之处就在于他通过对劳动的分析从而揭示了人的本质的异化以及异化扬弃的过程。但是，黑格尔却止步于劳动所获得的观念上的自主、自由意识，对于观念上的自主、自由意识如何变为现实，奴隶如何在现实中获得自主、自由，黑格尔则有意识地予以回避。因此，马克思认为黑格尔对劳动的分析实质上仍是抽象的、精神性的。马克思批判地吸收了黑格尔的否定性的辩证法，通过对异化劳动的分析得出共产主义式

① 《马克思恩格斯全集》第 2 卷，人民出版社 1957 年版，第 177 页。
② 《马克思恩格斯全集》第 42 卷，人民出版社 1979 年版，第 163 页。

的异化劳动的扬弃是实现人类解放的根本途径。

费尔巴哈的人本学唯物主义也是马克思哲学产生的直接理论源泉之一。恩格斯在《路德维希·费尔巴哈和德国古典哲学的终结》的序言中指出，“至于费尔巴哈，……他在好些方面是黑格尔哲学和我们的观点之间的中间环节”，“费尔巴哈给我们的影响比黑格尔以后任何其他哲学家都大”①。但是，这只是说费尔巴哈的直观唯物主义对实践唯物主义产生过非常重要的影响，而并不能说明实践唯物主义只是对一般唯物主义的延续。实际上，马克思是通过对费尔巴哈直观唯物主义的批判和扬弃从而建立了超越一切旧唯物主义的实践唯物主义。

分析费尔巴哈的人本学唯物主义我们可以发现，费尔巴哈一方面在批判和否定以黑格尔为代表的抽象唯心主义哲学中，继承了以爱尔维修、孔狄亚克为代表的18世纪法国唯物主义的基本观点；另一方面又确实对这种唯物主义有所发展。费尔巴哈曾明确提出，“只有人性的东西才是真实的实在的东西；因为只有人性的东西才是有理性的东西”②，因而他所创立的新哲学就是将人以及作为人的基础的自然看作哲学的唯一的最高对象。众所周知，费尔巴哈之前的大多数唯物主义哲学家往往把“物质”作为整个哲学的出发点，而世界、社会、人以及思维等只是物质的展开和外在表现。而费尔巴哈提出将“人同作为人的基础的自然”代替“物质”作为哲学的“唯一的、普遍的、最高的对象”。从“物的尺度”过渡到“人的尺度”，费尔巴哈的人本学唯物主义相比于旧唯物主义来说的确是一个了不起的进步，在客观上为实践唯物主义的产生准备了基础和条件。但是，费尔巴哈的人本主义所说的“人”主要是指“一般的人”“抽象的人”“单个人所固有的抽象物”③，而不是指“现实的人”“历史的人”。这也就是说，费尔巴哈的人本学唯物主义虽然重视了人，强调了“人的尺度”，但由于他把人与自然等同起来，因此，费尔巴哈的人本学唯物主义哲学

① 《马克思恩格斯选集》第4卷，人民出版社1995年版，第211、212页。

② 《费尔巴哈哲学著作选集》上卷，荣震华等译，商务印书馆1984年版，第181页。

③ 《马克思恩格斯选集》第1卷，人民出版社1995年版，第56页。

在本质上还是未能脱离感性直观和自然主义的窠臼。“费尔巴哈想要研究跟思想客体确实不同的感性客体：但他没有把人的活动本身理解为对象性的［gegenständliche］活动。因此，他在《基督教的本质》中仅仅把理论的活动看作是真正人的活动，而对于实践则只是从它的卑污的犹太人的表现形式去理解和确定。因此，他不了解‘革命的’、‘实践批判的’活动的意义。”① 在此，马克思认为，费尔巴哈不是将“对象性的活动”而是把“理论的活动”看作是“真正人的活动”。也就是说，在费尔巴哈那里，“理论的活动”而不是对象性的实践活动，是使人与其他自然物区别开来的本质活动。因此，费尔巴哈实质上仍然是把人具有“类意识”作为人与自然物的本质区别。由此可见，费尔巴哈哲学从根本上来看还是未能超出黑格尔思辨哲学的窠臼。

虽然费尔巴哈批判了黑格尔的唯心主义，但他所理解的人与自然均是非历史的感性直观存在物。所以，马克思在《德意志意识形态》中指出：“当费尔巴哈是一个唯物主义者的时候，历史在他的视野之外；当他去探讨历史的时候，他决不是一个唯物主义者。在他那里，唯物主义和历史是彼此完全脱离的。”② 马克思对费尔巴哈唯物主义的超越正是从“现实的人”以及“现实的人的活动”开始的，以从事“变革现实的感性的活动”的“现实的人”取代了“一般的人”“抽象的人”。马克思以“变革现实的感性的活动”为基础建立了科学的社会历史观，从而真正超越了费尔巴哈的人本学唯物主义。

由此可见，马克思对传统哲学的改造并非是要重建一种新的理论哲学体系来解释世界，而是希望建立一种科学的世界观和社会历史观来指导人们改造世界。改造后的哲学不是旧唯物主义乃至整个西方传统哲学原有主题的延伸以及对原有哲学问题的诠释与回答，而是实现了哲学主题的转换和变革，并由此建构了一个新的哲学理论——实践唯物主义。

四　科学的“新世界观”

马克思的哲学改造和变革，不仅表现为其具体的理论观点与传统

---

① 《马克思恩格斯选集》第1卷，人民出版社1995年版，第54页。

② 《马克思恩格斯全集》第3卷，人民出版社1960年版，第51页。

哲学的迥然有别，而且表现为其哲学观总体上与传统哲学的根本不同。它改变了哲学的对象与思维方式，使自己在内容、性质、功能等各个方面都表现出不同于以往哲学的实践特征，实现了哲学观念上的根本性变革。马克思的哲学改造是对传统形而上学的彻底颠覆，马克思哲学的诞生宣告了那种与现实脱离了的思辨哲学的终结。正是在这种意义上，马克思指出："不消灭哲学"，就不能够使哲学成为现实[①]。恩格斯在谈论实践唯物主义的新特征时也有过类似的表述，他说："这已经根本不再是哲学，而只是世界观，……哲学在这里被'扬弃'了。"[②]

马克思关于"消灭哲学"的论断在学术界引起了很大的争论，对"哲学的终结"的讨论一直持续到现在。在许多国外学者看来，马克思的"消灭哲学"就如同后现代主义的"取消哲学"一样，意味着哲学"终结"了。海德格尔就这样认为，他说："卡尔·马克思完成了对形而上学的颠倒，哲学达到了最极端的可能性。哲学进入其终结阶段了。"[③] 詹明信也同样认为，"也许在一个非常空泛模糊的意义上我们仍然可以把马克思主义称作哲学。但我不会在任何实际意义上把它当作哲学来看"[④]。与国外学者相比，国内大部分学者都认为，马克思并不是要真正地"消灭哲学"，而只是"一种为了把马克思哲学与传统哲学根本区别开来而采取的极端的做法"[⑤]。事实上，马克思也的确没有想要取消整个哲学的意思，他只是宣告要"终结"那种以"绝对本体"或"终极存在"为基本旨趣的传统形而上学，要"终结"那种脱离了现实生活的"独立的哲学"。"哲学家们只是用不同的方式解释世界，问题在于改变世界。"[⑥] 在后来的《德意志意识

① 《马克思恩格斯选集》第1卷，人民出版社1995年版，第8页。

② 《马克思恩格斯选集》第3卷，人民出版社1995年版，第481页。

③ ［德］海德格尔：《面向思的事情》陈小文、孙周兴译，商务印书馆1999年版，第70页。

④ ［美］詹明信：《晚期资本主义的文化逻辑》，张旭东编、陈清桥等译，三联书店1997年版，第18页。

⑤ 杨学功：《超越哲学同质性神话——从哲学形态转变的视角看马克思的哲学革命》，《复旦学报》（社会科学版）2005年第2期。

⑤ 《马克思恩格斯选集》第1卷，人民出版社1995年版，第57页。

形态》中，马克思恩格斯完全抛弃了“独立的哲学”，而创立了具有划时代意义的世界观和社会历史观。“在思辨终止的地方，在现实生活面前，正是描述人们实践活动和实际发展过程的真正的实证科学开始的地方。关于意识的空话将终止，它们一定会被真正的知识所代替。对现实的描述会使独立的哲学失去生存环境，能够取而代之的充其量不过是从对人类历史发展的考察中抽象出来的最一般的结果的概括。这些抽象本身离开了现实的历史就没有任何价值。”① 与唯心主义的历史观不同，马克思创立的历史观始终是以现实的历史为基础的。“这种历史观就在于：从直接生活的物质生产出发阐述现实的生产过程，把同这种生产方式相联系的、它所产生的交往形式即各个不同阶段上的市民社会理解为整个历史的基础，从市民社会作为国家的活动描述市民社会，同时从市民社会出发阐明意识的所有各种不同理论的产物和形式，如宗教、哲学、道德等等，而且追溯它们产生的过程。这样当然也能够完整地描述事物（因而也能描述事物的这些不同方面之间的相互作用）。”② 这种历史观是以“直接生活的物质生产”为基础的，而这种“直接生活的物质生产”在马克思这里是实践活动的最基本的形式。马克思正是从物质生产这一实践活动出发，通过对生产力与生产关系的辩证关系的研究，揭示了人类社会发展的基本规律，指出了劳动人民的实践活动在社会发展过程中的重要作用，并由此探索出人类解放的实践路径。

如此看来，我们就不难理解：为什么与传统西方哲学著作相比，马克思的著作一点都不像“哲学”？为什么马克思几乎没有任何的“独立的哲学”的论著，他的哲学思想总是体现在他关于市民社会、资本、社会关系、人的自由与解放等社会历史问题的论述中？由此可见，改造后的哲学是以社会历史为研究对象，关注的是人的现实生活和现实的人的生活世界。因此，我国学者认为，实践唯物主义就是历史唯物主义。③ 当然，这里所说的历史唯物主义是一种广义的范畴，

① 《马克思恩格斯选集》第1卷，人民出版社1995年版，第73、74页。

② 同上书，第92页。

③ 俞吾金：《实践与自由》，武汉大学出版社2010年版，第171、181页。

它是一种包括社会历史观在内的科学的世界观。

在西方传统理论哲学看来，世界观就是本体论。从总体上看，西方传统理论哲学是以探求世界本体为根本任务的本体论哲学。尽管自笛卡尔以来的近代哲学开辟了对自我意识本身的主体性研究路径，通过从客体到主体、从本体论到认识论的转变实现了理论哲学的主体性转向。但是，近代认识论哲学的基础和核心依然是本体论。近代认识论哲学关于思维与存在、主观与客观之间的争论归根到底都可以视为关于思维与存在何为世界本原的哲学基本问题。近代哲学的目的主要是寻求对关于世界的终极的因果解释，追求一种关于世界本体的知识体系。由此看来，西方传统理论哲学在总体上只是一种解释世界的哲学。

马克思的实践唯物主义是一种立足于实践活动的新世界观，对整个世界以及人与世界的关系作出了崭新的诠释。从实践出发来理解世界，马克思哲学所关注的世界，不是那种与人完全无关的、纯粹抽象的自然界，而是人们生活于其中的现实的感性世界。这种新的世界观所反映的主要不是那种与人无关的自在自然的客观状态，而是包括自然界和社会历史的人的感性世界的状态。因为马克思认为，“被抽象地孤立地理解的、被固定为与人分离的自然界，对人说来也是无。”① 在这里，马克思的新世界观并不否认人们对于外部客观自然界先在性的本体论承诺，而是始终坚持现实的感性世界是以自然界的客观存在为前提的，但它不断受到人的实践活动的改造。作为一种新的世界观，实践唯物主义不是简单地、刻板地描述人与世界的现实关系，而是以批判的态度对人与世界的现实关系作出价值评价，对未来的理想关系作出新的构想，它表达了人类对于自然界的实践态度以及对于人类自身生存和发展的价值诉求。因此，实践唯物主义也作为一种价值观对人们的实践起着导向和激励作用。

无产阶级以及全人类的解放是马克思毕生为之奋斗的事业。《在马克思墓前的讲话》中，恩格斯指出：“马克思首先是一个革命家。他毕生的真正使命，就是以这种或那种方式参加推翻资本主义社会及

① 《马克思恩格斯全集》第42卷，人民出版社1979年版，第178页。

其所建立的国家设施的事业，参加现代无产阶级的解放事业，正是他第一次使现代无产阶级意识到自身的地位和需要，意识到自身解放的条件。斗争是他的生命要素。”① 马克思本人也曾明确提出：“我们的任务是要揭露旧世界，并为建立一个新世界而积极工作。”② 揭露旧世界的目的是为了改变旧世界、建立新世界，而想要建立一个新世界，首先就是要揭露旧世界，要“对现存的一切进行无情的批判”，“在批判旧世界中发现新世界”③。马克思认为：“人的自我异化的神圣形象被揭穿以后，揭露非神圣形象中的自我异化，就成了为历史服务的哲学的迫切任务。”④ 因此，在马克思看来，哲学的任务就通过对于现存世界的无情批判而揭露出现存世界的根本缺陷。虽然哲学的批判本身只是一种理论的或者精神的活动，但它却包含着改变世界实现人类解放的价值诉求，从而为人类改变世界指明发展方向，成为革命运动的先导。当然，马克思认为，现存世界的改变必须依靠现实的物质力量。因此，“对实践的唯物主义者即共产主义者来说，全部问题都在于使现存世界革命化，实际地反对并改变现存的事物”⑤。无产阶级的解放事业不仅需要理论批判，而且必须依赖于现实的革命活动，理论的批判最终还是要诉诸无产阶级的革命实践。因此，“哲学把无产阶级当作自己的物质武器，同样，无产阶级也把哲学当作自己的精神武器”⑥。马克思非常形象地把哲学称为解放运动的头脑，他说：“德国人的解放就是人的解放。这个解放的头脑是哲学，它的心脏是无产阶级。”⑦

由此可见，对于马克思来说，哲学的变革并不是要重建形而上学的本体论，变革后的实践唯物主义哲学不再是传统意义上的理论哲学。它不仅是一种关于人类社会历史发展和演变的新世界观，而且是一种包含着改变现存世界、实现人类解放的价值信念。变革后的哲学

---

① 《马克思恩格斯选集》第3卷，人民出版社1995年版，第777页。

② 《马克思恩格斯全集》第1卷，人民出版社1956年版，第414页。

③ 同上书，第416页。

④ 同上书，第453页。

⑤ 《马克思恩格斯选集》第1卷，人民出版社1995年版，第75页。

⑥ 同上书，第15页。

⑦ 同上书，第16页。

揭示了人类社会发展的基本规律，它为无产阶级推翻资本主义社会制度，建立共产主义社会，从而实现无产阶级和全人类的解放，提供了强大的思想武器，是一种关于人类解放的新哲学。

第二节 杜威的行动哲学与哲学的改造

与马克思的哲学革命相类似，杜威哲学立足于个体的经验生活，试图通过现代科学的实验和经验方法来改造传统形而上学，以“一元的经验论”来拒斥一切传统“二元论”哲学。因此，杜威也把自己的哲学改造称作是“哥白尼革命”，以表现出其对于传统形而上学的彻底反叛姿态。杜威哲学改造的目的是颠覆传统的形而上学理论，建立一种帮助个体如何成功地应对环境、处理问题的生存哲学。但是，他在以经验为基础改造传统形而上学的同时，也将经验概念绝对化了，并且以此为基础建立了新的带有明显的形而上学色彩的经验本体论哲学——“经验自然主义”。

一 科学与哲学的二元对立

开始于17世纪的近代科学革命，改变了整个人类的生活方式和人类社会的历史进程，归纳法取代演绎法、观察实验代替思辨思考逐渐成为人类获得知识的主要方法。一方面，科学的飞速发展以及科学技术的广泛应用，在客观上为哲学的发展提供了基础，成为推动哲学变革的重要力量。但是，另一方面，哲学界似乎并不愿意承认这一事实。在哲学家的观念里，普遍存在着一种反抗和敌视科学的态度。并且，哲学对于科学的这种敌视态度一直持续到20世纪中期，始终没什么实质性改变。在《对科学的反抗》中，杜威曾明确指出：“目前我们面临着对科学广泛的反抗。如果对这一点还进行争辩，那就是浪费时间了，因为这样的反抗几乎在一切领域里都显然发生着。”① 在杜威看来，哲学对于科学的反抗和敌视是显而易见的，这种敌视不仅只存在思想领域，而且还体现在社会生活领域的其他方面。在教育领

① ［美］杜威：《人的问题》，傅统先、邱椿译，上海人民出版社2006年版，第134页。

域，这样的反抗在形式上表现为人文学科与非人文的科学之间的分裂，以致许多人坚持着“职业的教育”不可能有人文教育意义这样“可笑的信仰”；在道德领域，这样的反抗在形式上表现为科学与价值同样被截然二分，以致人们拒绝将科学方法应用于解决与人生有关的道德问题以增进“公共福利”。

在杜威看来，科学与哲学二元对立是传统形而上学“二元论”思维方式的集中体现。自柏拉图以来的传统哲学将我们称之为“实在”的世界一分为二：物理世界和理念世界。按照柏拉图的观点，人的感觉器官直接经验的世界是处于不断变动之中的物质世界。理念世界是一个永恒不变的超验世界，它不被人的感官经验所把握，必须通过人的“理性”来把握，而哲学正是关于“理性”的习得与训练。因此，哲学总是与永恒不变的理念世界相关联。与之相对应，科学总是与变动不居的物质世界相关联。由于“实在”的世界一分为二，人的认识也随之分为两类：关于理念世界的哲学认识和关于物质世界的科学认识。科学认识对象主要是“现世的、变化的、偶然的事物”，而哲学的目标在于获得关于理念世界的“永恒的、内在的、必然的事物”的知识。因此，只有关于永恒的、完美的理念世界的哲学才能够获得真正的“完满”的知识，关于充满着变化和不确定性的物质世界的科学不可能获得真正的“完满”的知识。杜威指出，这种二元论思维方式体现在传统哲学的不同类型和派别中，而且“一直到现在都支配着哲学问题的有系统的陈述”①。在亚里士多德哲学中表现为形式与质料的二元论，在笛卡尔哲学中表现为心灵与肉体的二元论，在康德哲学中表现为现象世界与“物自体”世界的二元论。不同类型、不同派别哲学之间存在着各种各样的分歧，但在认识论上实质都持一种同样的观点，即“哲学的首要目标在于获得关于存在或‘实在’的知识，这种知识比较‘个别的’科学所用的工具和方法得来的知识显得更广泛、更基本、更终极”②。依照这种见解，科学在认识论上要低于哲学，哲学一直保持着高级形式的知识地位。因此，尽管科

① ［美］杜威：《经验与自然》，傅统先译，江苏教育出版社 2005 年版，第 12 页。

② ［美］杜威：《人的问题》，傅统先、邱椿译，上海人民出版社 2006 年版，第 3 页。

学的发展对传统哲学的发展起了重要的推动作用，但是哲学仍然对科学持一种轻视的态度，仍旧把对于普遍的和永恒不变的知识追求作为自己的任务。传统二元论思维方式在哲学与科学之间划出了一条不可逾越的鸿沟。

杜威指出，哲学与科学的对抗给哲学的发展带来了严重后果，使哲学的发展陷入危机之中。二元论思维方式决定了近代以来的传统哲学研究的主要问题，即作为更高级的知识形式，哲学的主要职责在于研究那些构成正确科学认识的题材的背后的实在，为科学认识提供形而上学的解释。科学认识如何可能等一系列关于认识的条件和可能性问题便成为传统哲学重点关注的主题。由于“认识的条件”“知识的可能性”等问题主要从属于超验的理念世界而与人的实际生活并无直接关联，因此，相对于关于实际事务的科学知识的不断增加，各种各样的哲学不是利用科学知识的结果去指导哲学，而是更加忙于给科学提供“知识的基础”。于是，哲学便陷入这样一种困境：“有用的知识越增加，哲学则越忙于完成其与人生无关的任务。”[①] 随着科学技术的飞速发展，实际知识的增加如此迅速，以致所谓的“认识的条件”和“知识的可能性”问题变成了远离生活的专业性事务。过分的重视对人生实际事务无关的问题研究的结果是，哲学家越忙于这些专业性事务，哲学离哲学家们的实际生活就越遥远。忽视科学和重要人生事务上的情况变化，致力于研究知识的条件问题而忽略知识的应用与后果这个更为重要的问题，那么，这样的哲学能做什么呢？杜威指出：“哲学与生活隔绝的结果对哲学讲来是不幸的”[②]，这样的哲学，在最坏的时候，仅仅是“一种搬弄命辞的把戏、琐细的论理和广博周详的论证的徒具外表的各种形式的玩弄”；在最好的时候，“也不过成为为体系而体系的一种爱著，以及对于正确性的一种自许”[③]。忽视人生实际问题而过分重视和专注于“认识论”等形而上学问题的后果是“哲学逐渐为一般民众所不信任”[④]，最终导致哲学逐渐陷

① ［美］杜威：《人的问题》，傅统先、邱椿译，上海人民出版社 2006 年版，第 4 页。
② ［美］杜威：《确定性的寻求》，傅统先译，上海人民出版社 2004 年版，第 67 页。
③ ［美］杜威：《哲学的改造》，许崇清译，商务印书馆 2004 年版，第 12 页。
④ ［美］杜威：《人的问题》，傅统先、邱椿译，上海人民出版社 2006 年版，第 4 页。

入危机。

在杜威看来，要改变哲学与科学的敌对状态，要摆脱哲学所面临的危机与困境，必须对传统哲学进行改造，改变传统哲学的二元论思维方式，消解传统哲学的一切二元对立。

二 以科学改造传统哲学

那么，如何消解传统哲学的二元论思维方式，解决哲学面临的危机呢？杜威指出，必须把现代科学革命所产生的"新观念和新方法"应用到哲学当中，使哲学与科学一样共同关注人的现实生活。杜威哲学改造的实质就是以现代科学革命的成果和结论来改造传统形而上学，实现哲学与科学的结盟。

杜威所处的时代正是现代科学大发展、大变革的时期。一方面，观察实验取代静观思辨成为人们获得科学知识的主要方法，实验科学方法在科学家的心目中享有极高的威望，受到了科学家们的普遍推崇。在自然科学的各个学科领域，实验科学方法推倒了一个又一个形而上学和神学的教条，新的科学理论和成果逐渐得以形成和确立。物理学、化学、地质学、生物学等学科领域都发生了重大变革。另一方面，科学的应用产生了成千上万的发明，现代工业革命所带来的新器具、新设备以及新产品等都展示了科学知识见诸应用所产生的巨大力量。科学的进步和发展以及在社会生活领域的广泛应用为杜威哲学的产生和发展奠定了坚实的基础。杜威的哲学改造正是依据科学和社会历史发展的新潮流，在对现代科学理论和方法进行哲学反思的基础上，充分汲取了现代科学的新成果对传统经验主义哲学进行的变革和创新。

以生物进化论为代表的现代自然科学在美国的发展和传播对杜威的哲学改造起到了直接的推动作用。在杜威看来，达尔文《物种起源》一书的出版标志着自然科学发展的一个新纪元，以生存竞争和自然选择为主要内容的生物进化论，介入了一种全新的思维方式，打破了传统观念所固守的绝对永恒性的神圣方舟，解放了用于心灵和生活的新逻辑，动摇了传统绝对主义哲学的根基。杜威把达尔文学说的基本原理视为其实用主义的基本哲学信条，并以此为基础来改造传统哲学，实现了本体论、认识论和价值论等哲学领域的一系列变革。生物进化论的创立和流行导致了关于“宇宙”和“世界”图式的传统观念的转变。传统形而上学哲学体系所信赖的是一个由古代科学所构建的世界图式，是“一个封闭着的世界，内部包含着一定数的形象，而外部则有一定边际”[①]。与这个固定的世界图式相对应，传统形而上学所追寻的是一种具有绝对确定性的、超验的、永恒不变的终极存在。然而，现代科学的发展和变革“变换了世界的概念”“抽掉了这种哲学的根基”，它向人们展示了一个新的世界图式。“现在科学已代这个密闭着的宇宙而付与我们一个于时间和空间均无定限，既无边际也无终竟，而于内部构造则无限复杂的宇宙了。从此它也就是一个开放的世界，一个在古代的意义就不能叫作宇宙的世界。”[②] 现代科学所揭示的是一个变动的、开放的世界，是一个“生成着的世界”，它的未来充满着不确定性和未知的风险。因此，哲学也获得了新的责任，它必须更改其性质，断然否定和摒弃“对绝对起源和绝对终极的寻求，以便探究它们的特殊价值和产生它们的特殊条件”[③]。放弃对绝对确定性的寻求，从具体的境遇出发，通过实践和行动改变世界以取得令人满意的实际效果，这正是杜威哲学改造的旨趣所在。

以科学改造哲学，杜威将培根视为对哲学进行这种改造的先驱者[④]。因为培根创立了一种新的科学精神，那就是“将哲学思考的方式由亚里士多德式的逻辑转向经验主义的观察、实验、归纳”[⑤]。培根的新科学精神以及对实验方法的强调为杜威的哲学改造开辟了新的道路。在杜威看来，以科学改造哲学，这才是实用主义、实验主义或者工具主义的本意。他认为，从皮尔士开始的实用主义实际上是一种哲学运动，这种运动最显著的特点就是以科学的方法来改造传统哲学。实用主义就是要让哲学放弃对于符合最后的终极实在的理论追求

---

① ［美］杜威：《哲学的改造》，许崇清译，陕西人民出版社 2004 年版，第 31 页。

② 同上书，第 35 页。

③ John Dewey. The lnfluence of Darwin on Phisolophy and Other Essays in Contemporary Thought, Nwe York: Henry Holt and Co., 1910, p. 13.

④ ［美］杜威：《哲学的改造》，许崇清译，商务印书馆 2004 年版，第 16 页。

⑤ 江怡：《西方哲学史》第八卷，凤凰出版社、江苏人民出版社 2005 年版，第 366 页。

而回复到古代哲学传统的追求智慧的职务，就是要让哲学“回到‘哲学’一词的词源学本义，承认哲学是一种欲望，是一种行动力量——即爱智慧”[①]。在杜威看来，智慧与知识不一样，它是应用已知的知识去明智地指导人生事务的能力，是那些能够指导我们集体活动的目标和价值。因此，“当哲学不再成为处理哲学家们问题的工具，而是成为一种由哲学家们所酝酿的，处理人的问题的方法时，哲学就使自身得到了复原。”[②] 这也就是说，哲学改造的目的是要让知识、科学成为指导人类行动的力量。所以，在杜威看来，哲学改造的实质就是“把那应用在物理和生物现象上的科学的验证知识的方法，推广应用到社会的和人生的事务上去”[③]，哲学改造的目标是就使哲学“尽可能地变得人道一些，并成为处理社会冲突的工具”[④]。

以现代科学成果和方法来改造传统哲学，把达尔文生物进化论等现代科学的成果与方法运用到哲学中去，是杜威哲学改造的最显著的特点。在中国讲学时，杜威本人曾屡屡谈及他的实验主义哲学是19世纪以来现代科学发展的结果。杜威的学生悉尼·胡克同样认为，达尔文的生物进化论以及以生物学为基础的行为主义心理学对杜威哲学产生了“也许是决定性的影响”[⑤]。我国学者刘放桐教授也曾指出：“19世纪末20世纪初生物进化论思潮成了美国科学中影响最大的思潮，而实用主义正是一种标榜以生物进化论为其科学根据的哲学。”[⑥]由此可见，科学的变革和发展为杜威的哲学改造奠定了现实基础，杜威的哲学改造在一定程度上符合了科学发展的潮流，体现了一定的科学精神与时代精神，是对科学发展的时代精神的反响。

---

① ［美］苏珊·哈克：《意义、真理与行动——实用主义经典文选》，陈波、尚新建译，东方出版社2007年版，第367页。

② John Dewey, *The Middle Works of John Dewey*, Vol. 10, Edited by Jo Ann Boydston, Carbondale: Southern Illinois University Press, 1980, p. 46.

③ ［美］杜威：《人的问题》，傅统先、邱椿译，上海人民出版社2006年版，第7页。

④ John Dewey, *The Middle Works of John Dewey*, Vol. 12, Edited by Jo Ann Boydston, Carbondale: Southern Illinois University Press, 1982, p. 94.

⑤ 洪谦主编：《现代西方资产阶级哲学论著选辑》，商务印书馆1964年版，第202页。

⑥ 刘放桐：《现代西方哲学》上册，人民出版社1990年版，第276页。

三　经验自然主义的建立

杜威哲学革命的实质就是以现代科学来改造传统经验主义哲学，是对经验主义传统经验主义哲学的扩展与改造。杜威以科学改造传统哲学是从改造传统经验概念开始的。在詹姆士的“彻底的经验主义”的基础上，杜威按照达尔文生物进化论的连续性原则对传统哲学的“经验”概念进行了改造，并以此为基础建构起了他的经验自然主义哲学。

在杜威看来，造就传统哲学二元对立的根源在于对经验概念的错误理解和运用。自近代以来的哲学史，几乎就是一部经验论与唯理论、唯物论与唯心论激烈论战的历史。以笛卡尔为代表的唯理论者蔑视经验而抬高理性，他们认为，经验是不可靠的，把经验放到一个次要的而且差不多是无足轻重的位置，只需要通过理性就可以理解整个世界。而以培根为代表的经验论者注重经验而轻视理性，他们认为，对世界的理解必须通过感官的经验而不是通过理性来获取。而整个传统哲学的历史则犹如唯物主义者与唯心主义者各执一端的争辩，“一个思想家变成了一个形而上学的唯物主义者而否认心灵的实在；另一位变成了一个心理学的唯心主义者而主张物和力仅是伪装起来的心理事情”[①]。杜威认为，这种分歧的关键在于他们对于经验缺乏科学的理解。

在《哲学复兴的需要》一文中，杜威把传统哲学的经验概念的特征概括为五个基本方面：第一，“经验属于知识的事情”；第二，“经验是心理的东西，它完全被‘主观性’所污染”；第三，“经验是对已发生的事情的记录，其焦点是对准过去”；第四，“经验是简单个别的聚合，联系和连续性被排除在外”；第五，“经验与思想截然相反”。[②] 杜威认为，传统经验概念的这些特征是近代以来的一切哲学“二元论”所赖以存在的前提。比如，经验的第一个特征实质上就意味着知识与行动的二元对立，而经验的第二个特征则意味着主观与客

---

① ［美］杜威：《经验与自然》，傅统先译，江苏教育出版社 2005 年版，第 9 页。

② 江怡：《西方哲学史》第八卷，凤凰出版社、江苏人民出版社 2005 年版，第 375 页。

观的二元对立。因此，为了克服传统哲学中的一切“二元论”，超出唯物主义和唯心主义的对立，杜威对传统哲学的经验概念进行了改造。杜威指出：“‘经验’是一个詹姆士所谓具有两套意义的字眼，好像它的同类语‘生活’和‘历史’一样，它不仅包括人们做些什么和遭遇些什么，他们追求些什么，爱些什么，相信和坚持些什么，而且也包括人们是怎样活动和怎样受到反响的，他们怎样操作和遭遇，他们怎样渴望和享受，以及他们观看、信仰和想象的方式——简言之，能经验的过程。‘经验’指开垦过的土地，种下的种子，收获的成果以及日夜、春秋、干湿、冷热等等变化，这些为人们所观察、畏惧、渴望的东西；它也指这个种植和收割、工作和欣快、希望、畏惧、计划，求助于魔术或化学、垂头丧气或欢欣鼓舞的人。它之所以是具有‘两套意义’的，这是由于它在其基本的统一之中不承认在动作与材料、主观与客观之间有何区别，但认为在一个不可分析的整体中包括它们两个方面。”① 在这里，杜威试图用经验的连续性原则来摆脱传统“二元论”哲学所导致的理论困境，从而一劳永逸地消除传统形而上学的各种无谓的争论。在杜威看来，改造后的经验是个兼收并蓄的统一体，是“一元论”的。心灵与物质、主体与客体、动作与材料等都统一于改造后的“一元论”的经验概念。一切都在经验之中，关于心灵与物质、主体与客体、认识与行动、事实与价值等一切区分都不过是经验的不同方面，都可以通过经验来加以解释和说明。这样，哲学只要关注经验可以了，一切“二元论”哲学都可以通过经验的连续性来加以克服。

如此一来，杜威在以连续性原则来改造主客二分的传统经验概念的同时，实际上也顺便将经验概念绝对化了。这很容易让人将其与詹姆士的“彻底的经验主义”联系起来。很显然，杜威在这一问题上深受詹姆士“彻底的经验主义”的影响。詹姆士为了反对传统形而上学，而建立了他的“彻底的经验主义”。詹姆士既反对传统哲学中的理性主义与经验主义，又反对传统哲学中唯物论与唯心论在本体论上的“二元论”观点。在詹姆士看来，世界的本原既不是唯物论所

① ［美］杜威：《经验与自然》，傅统先译，江苏教育出版社 2005 年版，第 8 页。

说的物质，也不是唯心论所说的意识。他说："现实能够存在的最小单位不是主体，也不是客体，而是客体加主体。"① 也就是说，世界的本原是"主体加客体"。那么这个"客体加主体"到底是什么呢？詹姆士这样解释："如果我们首先假定世界上只有一种原始素材或质料，一切事物都由这种素材构成，如果我们把这种素材叫作'纯粹经验'那么我们就不难把认知作用解释成为纯粹经验的各个组成部分相互之间可以发生的一种特殊关系。这种关系本身就是纯粹经验的一部分；它的一端变成知识的主体或担负者，知者，另一端变成所知的客体。"② 在这里，詹姆士指出，"纯粹经验"就是"主体加客体"。主体与客体、认知与所知只是"纯粹经验"内部的划分，这种"主体—客体的分别完全不同于心、物之间的区别，完全不同于肉体和灵魂之间的区别"③，它们只是"纯粹经验"中一端与另一端的关系。或者说，这种划分仅仅是属于职能范围的，而不是传统"二元论"哲学所讲的本体论范围的划分。在本体论意义上，"纯粹经验"已经是现实存在中的最小单位了。于是，虽然詹姆士的本意是要反对和拒斥传统形而上学，反对传统形而上学的二元对立，但结果是以"纯粹经验"为本体建立以一种更为彻底、范围更为广泛的形而上学观。在詹姆士那里，"纯粹经验"是一种"反思"之前的经验，是一个只能由独立自主的行为主体体验到的东西，而不能用语言来描述。一旦用语言描述出来，就不是"纯经验"了。所以，詹姆士有时也将经验理解为心理学上的经验，即心灵的感受或一种感官知觉。杜威放弃了詹姆士的具有心理学特征的"纯粹经验"概念，把经验看作是主体与客体、经验者与被经验的对象、有机体与环境的相互作用，是与现实生活、历史同层次的概念。此外，杜威特别强调了经验的能动作用，指出经验是对现实事物的改造。相比于詹姆士的"意识流"概念，这确实具有很大的进步意义。但是，经验的概念在他这里被无限地放大，成为一个无所不包的绝对化概念。"杜威把'经验'概念及其作

① ［美］詹姆士：《彻底的经验主义》，庞景仁译，上海人民出版社 1965 年版，第 3 页。

② 同上书，第 2、3 页。

③ 同上书，第 3 页。

用与意义加以夸大，绝对化，势必走向经验的绝对主义的错误道路上去。”① 世界上的一切事物都在经验之中，这意味着经验就是世界的本原。

用经验的连续性来解释人与自然、主体与客体之间的关系，杜威认为传统哲学关于形而上学本体论、认识论问题的无谓争论都可以彻底消除，从而可以把哲学的视角转移到人的实际生活中来。这确实体现了杜威哲学对西方传统“二元论”形而上学体系的拒斥与反叛以及对现实生活的深切关注。但是，由于完全“不承认在动作与材料、主观与客观之间有何区别”②，因而不能客观地、全面地反映出在人的实践活动中实际存在的主客体之间的区别，因为主客体的区分是人们从事实践活动的前提。这已包含在人的实践活动是对象性的活动的命题的意蕴之中。杜威用主客不分的“经验”概念来解释人的行动，试图以行动、实践的观点来克服传统哲学物质与精神、主体与客体等之间的二元对立。但是，他在反对传统哲学只看到主客体对立而忽视主客体联系的二元论时，走向了另一种极端，片面地强调了主客体之间的联系，完全抹杀了主客体之间的区分与对立，否认对主体与客体分别做出科学认识的可能。这样，导致在认识论上陷入了片面的“知行合一”论，在哲学总体上必定会从“一元的经验论”走向形而上学的“经验本体论”。因此，杜威的经验自然主义实质上是一种经验本体论。正是在这个意义上，许多国内外研究者都把杜威的经验自然主义称之为“形而上学的经验自然主义”③。

杜威的哲学改造就是要反对形而上学，颠覆传统形而上学的理论体系，然而，由于杜威将经验理解为一种“全包性的整体性”，又将这种“整体性的统一”作为自己哲学思想的起点，由此建立起自己的“自然主义形而上学”，从而使自己又陷入了传统形而上学的窠臼。所以，理查德·罗蒂指出：“杜威终其一生，都在对哲学的一种诊疗性姿态和另外一种十分不同的姿态——构建一个形而上学体系之

① 杨寿堪：《杜威反传统的经验自然主义哲学》，《人文杂志》2003年第5期。

② ［美］杜威：《经验与自然》，傅统先译，江苏教育出版社2005年版，第8页。

③ 窦新元：《杜威形而上学的经验自然主义》，《学术研究》2004年第12期。

间摇摆。”[①] 因此，虽然杜威对于传统形而上学的批判是值得称赞的，但与马克思哲学的实践变革相比，杜威的哲学改造还是不够彻底，他在颠覆传统形而上学的同时又悄悄地建立了新的形而上学体系。对于杜威哲学改造的这种不彻底性，我国著名学者贺麟曾明确指出：“杜威对于传统哲学的驳斥的确言之成理，但传统哲学在他所揭出的每一‘罪状’里面都依然保有从容答辩的余地。”[②]

不过，在杜威本人看来，经验自然主义的建立是按照科学的模式来改造哲学的结果。改造后的哲学应该要像科学一样关注人的日常生活经验，帮助人们处理日常生活中的实际事务，而不再去关心传统形而上学关于世界的本原是什么的本体论问题、关于思维能否认识外部世界的认识论问题等各种无谓的争论。

四 实验主义科学方法论

无论如何，按照杜威哲学改造的本意，就是要反对任何形式的形而上学重建，就是要颠覆传统形而上学的理论体系，改造后的哲学就是要“舍弃关于终极的绝对的实在的研究的无聊的独占”[③]，从只关注那些远离人的实际生活的形而上学问题转而关注与人的现实生活密切相关的社会问题。从表面上来看，舍弃对绝对而永恒的实在的追求似乎是一种牺牲，但事实上，舍弃这一形而上学的追求乃是哲学重新获得强大生命力的先决条件。当哲学转而寻求以社会生活为基础、寻求为大家所共享的价值时，哲学就不会有敌人和反对者了。改造后的哲学不再与科学截然对立，而是成为“科学结论和社会以及个人行动方式之间的联络官”[④]。改造后的哲学必须与科学一样共同关注“人的问题”、帮助人们处理现实生活中的各种社会问题，成为利用科学方法帮助人们处理具体生活问题的工具。在杜威看来，这才是实用主

① ［美］理查德·罗蒂：《实用主义哲学》，林南译，上海译文出版社 2009 年版，第 71 页。

② 贺麟：《中译本贺麟教授序》，载［美］理查德·罗蒂著：《哲学和自然之镜》，李幼蒸译，商务印书馆 2004 年版，第 9 页。

③ ［美］杜威：《哲学的改造》，许崇清译，陕西人民出版社 2004 年版，第 15 页。

④ ［美］杜威：《确定性的寻求》，傅统先译，上海人民出版社 2004 年版，第 314 页。

义运动的本意。以科学改造传统形而上学、让哲学回归现实生活是自皮尔士开始的实用主义哲学运动中的最显著特点。经过科学改造后的哲学不再是传统意义上的纯粹知识，不再与科学截然对立，但它也不是科学的一个分支。改造后的哲学只是回归到了哲学“爱智慧”的本意。在杜威看来，智慧与知识、科学有着明确的区分，智慧主要指“应用已知的去明智地指导人生事务的能力”[①]。追求智慧的实质不是要寻求某种终极的绝对的实在，而是要将那些应用于自然科学中的各种结论和方法推广至与人的实际生活相关的事务上去。因此，“当哲学不再成为处理哲学家们问题的工具，而是成为一种由哲学家们所酝酿的，处理人的问题的方法时，哲学就使自身得到了复原”[②]。简言之，改造后的哲学应当成为“应用已知的去明智地指导人生事务”、帮助人们解决实际问题的工具和科学方法论。因此，相对于“实用主义”一词，杜威更倾向于使用“实验主义”或者“工具主义”来称谓自己的哲学。

随着哲学主题的转换，改造后的哲学的主要任务应该考虑如何将科学知识和结论运用到社会生活之中帮助人们处理实际问题。为此，杜威以自然科学实验为模型，对处理和解决“问题情境”的行动探究机制和方法进行了详细的研究和阐述。如前文所述，在《逻辑：探究的理论》中，杜威将科学实验的“探究模式”（The Pattern of Inquiry）划分为前后相继的五个阶段：（1）“探究的先决条件：不确定的情境”；（2）“问题的设立”，即把“不确定的情境转化为具体的问题”；（3）“确立解决问题的方案”；（4）“推理”，即把可能的解决方案在人的思维中具体化；（5）“通过实际行动检验效果”。[③] 并且，杜威身体力行地尝试了将实验探究方法运用到教育、道德、政治以及艺术审美等社会生活领域之中。比如，杜威主张以科学实验方法来改造传统伦理学，并提出了一套类似于科学实验探究模式的道德探究

---

① ［美］杜威：《人的问题》，傅统先、邱椿译，上海人民出版社 2006 年版，第 4 页。

② John Dewey, *The Middle Works of John Dewey*, Vol. 10, Edited by Jo Ann Boydston, Carbondale: Southern Illinois University Press, 1980, p. 46.

③ John Dewey, *The Later Works of John Dewey*, Vol. 12, Edited by Jo Ann Boydston, Carbondale: Southern Illinois University Press, 1986, pp. 109 – 120.

“五步法”来研究和解决道德问题。杜威认为，伦理学不是以某种固定的至善概念或终极的道德目的为出发点，而是产生于道德实践中出现的问题情境。在他看来，道德领域的逻辑程序与物理科学的逻辑程序是一致的，实验科学探究方法同样必须运用至道德领域，并且只有科学实验方法才能真正解决道德领域的各种问题。

哲学应该放弃对于绝对知识的追求，转而关注人的生活以及生活中的实际问题，从而成为“社会批判的一种方式，社会革新的一种工具”①。如果真像杜威所说的这样，那么，杜威哲学本身应该要深入到政治、经济、伦理道德等社会生活各个领域当中。事实也的确如此，杜威忠实地践行了他的哲学改造思想，他的哲学涉及了伦理、心理、教育、社会、经济、政治、宗教、艺术、文化、社会等与人类生活密切相关的广阔领域。作为一个哲学家，杜威同时也是一个极具影响力的教育家和著名的社会活动家。他曾在芝加哥创办了一所附属于芝加哥大学的实验学校，以贯彻和检验他的教育哲学理论。他也曾先后出访到日本、中国、土耳其、墨西哥、苏联等不同国家以考察这些国家的教育状况。其中，在中国考察和讲学持续了两年多，“对中国社会的各个方面（哲学、社会、政治、教育、历史、文化、美学、科学方法等）都产生过深刻而复杂的影响”②。

在哲学的改造中，杜威批判了传统哲学按照“二元论”思维方式而将科学拒斥于哲学大门之外的做法，主张要把“我们在处理一切真正的问题，即从科学的复杂问题到日常生活中琐碎的或紧要的实际问题时都能发生效果的那种思想，应用到比较广泛的哲学领域中来”③，希望通过经验方法和科学探究方法把哲学改造成为人们处理社会问题的有效工具。哲学必须与科学一样成为帮助人们应对具体生活问题的有效工具，科学实验探究被视为一种万能方法而可以普遍使用，杜威的这种工具主义观点很容易让人将其与科学主义联系起来，在学术界曾引起了广泛的争议。但是，杜威对于哲学的科学改造与逻辑实证主

---

① ［美］塔里斯：《杜威》，彭国华译，中华书局2002年版，第33页。

② 刘放桐：《实用主义研究的回顾与展望》，载俞吾金主编：《杜威、实用主义与现代哲学》，人民出版社2007年版，第491页。

③ ［美］杜威：《经验与自然》，傅统先译，江苏教育出版社2005年版，第1页。

义哲学家试图将哲学科学化的科学主义又有着本质区别。科学主义者强调形式逻辑工具而拒斥对审美、伦理、价值、信仰等文化问题，在科学与价值、自然科学与人文学科之间划出了一道不可逾越的鸿沟。而杜威的哲学改造旨在结合新时代的科学精神、科学方法和科学成果来改造传统哲学乃至改造整个传统文化，以消除科学与价值、自然科学与人文学科的二元对立，实现科学与人文的融合。尽管不可能完全按照自然科学的方法和模式来解决人类社会价值领域中的一切问题。但是，在杜威之后，随着科学技术的飞速发展和广泛应用，杜威所强调的科学实验方法正在进入更加广泛的社会价值领域。在系统论、控制论、信息论以及协同学、突变论、混沌学等新兴科学和计算机与电子通信技术、基因技术等新兴技术的支撑和促进下，科学实验方法已经逐步走进了人类社会的价值领域，成为人们处理各种社会问题的一种重要方法，为人们研究和处理社会问题提供了重要的方法论指导。这说明，杜威哲学所主张的科学实验方法对于具体的社会问题的分析和处理确实具有一定的意义，杜威的哲学改造对于我们正确理解科学与哲学之间的关系，促进当代科学与人文之间交流互动确实具有一定的借鉴意义。

但是，从宏观层面来看，在面临社会总体进步与发展的重大问题时，实用主义科学探究方法的应用在一定程度上又会导致社会改良主义。实用主义的科学实验方法或者经验方法是以经验连续性原则为基础的，而以达尔文生物进化论为基础的经验连续性原则认为事物之间的联系，承认事物发展的连续性，而否认事物发展过程的中断与质变。如果从以达尔文生物进化论为基础的科学实验方法来看待社会进步问题，那么，只需要依靠处理一个个具体的社会问题就能推动社会的整体进步。因此，杜威只承认渐进主义或者改良主义对于社会的进步的重要作用，而否认社会革命的重要作用。杜威的中国学生胡适，在新文化运动时期就曾以社会改良主义来批判马克思主义的社会革命理论。

小　结

本章从哲学变革的视角对马克思哲学与杜威哲学从总体上进行了

对比分析。拒斥传统形而上学，主张以实践或行动的观点来改造传统哲学，是马克思哲学与杜威哲学的共同特征。虽然都主张以实践或行动改造传统“二元论”哲学，但马克思哲学是以实践为基础，通过对以黑格尔为代表的唯心主义哲学和以费尔巴哈为代表的旧唯物主义哲学的实践变革，颠覆了传统形而上学的理论体系，实现了对传统“二元对立”哲学的超越。马克思对传统哲学的改造并非是要重建一种新的理论哲学体系来解释世界，而是希望建立一种科学的世界观和社会历史观来指导人们改造世界。改造后的实践唯物主义哲学不是旧唯物主义乃至整个西方传统哲学原有主题的延伸以及对原有哲学问题的诠释与回答，马克思的实践唯物主义是一种旨在实现人类解放的科学性与革命性相统一的科学的“新世界观”。而杜威主张以现代科学的成果与方法来改造传统哲学，使哲学放弃对于绝对知识的追求，像科学一样转而关注人的生活以及生活中的实际问题、关注人生的实际事务，成为人们处理各种社会问题的工具。杜威哲学改造的目的是颠覆传统形而上学理论体系，建立一种帮助个体如何成功地应对环境、处理问题的生存哲学。但是，他在以连续性的经验为基础改造传统形而上学的同时，也将经验概念绝对化了，并且以此为基础建立了新的带有明显的形而上学色彩的经验本体论哲学——“经验自然主义”。因此，尽管杜威主张以科学改造哲学具有一定的合理性，但从对传统形而上学的拒斥来说，与马克思的实践唯物主义对“形而上学的终结”相比，杜威的经验自然主义对哲学的改造就显得不够彻底。

第六章　马克思实践观与杜威行动观比较的当代启示

如果说“解释世界”是西方传统理论哲学的主旨和特征，那么“改变世界”就是西方现代实践哲学的主旨和特征。在西方哲学发展演变的源与流中，在从“解释世界”的理论哲学向“改变世界”的实践哲学变革的大背景下，将马克思实践哲学与其后产生的杜威行动哲学进行多维度的比较分析，既有助于我们更好地理解马克思哲学变革的精神实质及其重大意义，又有助于我们更好地理解杜威行动哲学改造的主要成就及其借鉴意义，进而为当代实践哲学的丰富和发展提供助力和参考。

第一节　马克思哲学变革的实质及当代意义

现代西方哲学在很大程度上是对西方传统哲学尤其是近代西方哲学基本倾向的彻底颠覆。西方哲学从古希腊时期开始便有推崇思辨而轻视实践的理论倾向，经过了从柏拉图到黑格尔的两千多年的发展，形成了以超验的精神本体为基础来构建理论体系以及从思想观念范畴出发来“解释世界”的形而上学思维方式。对超验本体以及理论体系的不懈追求导致哲学与人的现实生活日渐疏远。马克思哲学从现实的人和人的现实活动出发，把哲学从思想世界拉回到现实生活世界，颠覆了西方理论哲学传统，开启了西方哲学史上的一场真正的思想革命。

一　哲学史上真正的哥白尼式的革命

马克思所开启的实践哲学变革，不是对传统形而上学理论体系的补充和完善，不是在理论哲学范围之内的求索，而是对传统形而上学本体论框架的彻底颠覆，实现了哲学研究主题、思维方式等一系列的根本性变革。

第一，马克思哲学的实践变革实现了对传统形而上学的抽象本体的彻底超越。传统形而上学普遍认为，生灭变幻的生活世界是不可靠的，只有那种现实生活之外的超验本体才是永恒不变的，因而才是真实可信的。所以，哲学所寻求的就是这种作为世界本原的超验本体。这种超验实体也是形而上学体系建构的基础和逻辑起点。马克思哲学立足于具体的感性世界，把现实的人的实践活动视为哲学的出发点，彻底抛弃了各种脱离现实生活而存在的形而上学的先验预设和抽象本体。自亚里士多德以来的西方传统哲学把生产劳动看作是令人厌烦的、低贱的人类活动。马克思的哲学变革把传统哲学看来是低贱的生产劳动视为人类最基本的实践活动，看作是人的存在方式，是其实践唯物主义的基础和逻辑起点。从生产劳动这一基本社会实践活动出发，马克思哲学不仅抛弃了那些作为万物之本的形而上学本体，超越了那种以形而上学为基点的抽象本体论，而且也实现了认识论领域和价值论领域的深刻变革。

第二，马克思哲学的实践变革实现了哲学主题与功能的转变。传统形而上学由于过于沉溺对超验实体与终极存在的追求，以至于被严格地禁锢在思辨的理论世界，而脱离了人们的现实生活。以超验本体与终极存在为主要研究对象，形而上学追求的是一种关于世界本体的知识体系，旨在寻求关于世界的终极因果解释。所以在总体上看，传统形而上学是一种解释世界的理论哲学范式。与传统形而上学强调绝对的超验本体不一样，马克思哲学始终坚持把现实的人和现实的人类世界作为研究对象。作为一种新世界观，马克思的实践唯物主义不是简单地、刻板地描述人与世界的现实关系，而是以批判的态度对人与世界的现实关系作出价值评价，并对未来的理想关系作出新的构想，它表达了人类对于自然界的实践态度以及对于人类自身生存和发展的价值诉求。对于马克思来说，哲学的变革并不是要重建形而上学的理论体系，变革后的实践唯物主义哲学不再是传统意义上的理论哲学，它不仅是一种关于人类社会历史发展和演变的新世界观，而且是一种包含着改变现存世界、实现人类解放的价值信念。因此，变革后的马克思哲学是一种为了实现无产阶级和全人类解放的关于改变世界的新哲学。

第三，马克思哲学的实践变革实现了哲学思维方式的根本转变。传统理论哲学以普遍性的超验本体为基础，形成了从既成性的存在出发来理解和把握人与世界的既成性思维方式。它预设了一个既定的绝对本体，并以此出发来推演出人与世界的存在，虽然也常常强调人与世界的变化，但这种变化是先定的，是向既定的绝对本体的接近。这种思维方式把现实世界中的一切事物都归结为唯一的始基或绝对本体，然后以“绝对本体”为依据去解释现实事物，是一种预设先定抽象原则，然后从原理推论现实的思维方式。马克思哲学彻底抛弃了“本质先定、一切既成”的既成性思维方式，以物质生产实践为基础，把世界、历史看作是不断显现和生成的过程，形成了“一切将成”的生成性思维方式，实现了思维方式的根本变革。从生成性的视角来看，世界是一个以实践为中介相对于人来说的不断生成的对象世界。从既成性思维方式到生成性思维方式的转变，标志着西方哲学进入了一个更高的发展阶段。

总的来说，马克思对传统哲学的改造并非是要重建一种新的理论哲学体系来解释世界，而是希望建立一种科学的世界观和社会历史观来指导人们改变世界。改造后的哲学不是旧唯物主义乃至整个西方传统哲学原有主题的延伸以及对原有哲学问题的诠释与回答，而是实现了哲学主题和思维方式的根本性变革，并由此建构了一个新的哲学理论——实践唯物主义。在马克思哲学的实践变革之后，杜威也自认为在哲学领域里进行了一场“哥白尼革命”。在反对形而上学思辨，对实践的强调以及对社会现实的密切关注方面，杜威哲学确实顺应了马克思哲学所引领的实践哲学变革的潮流。但是，杜威由于片面地强调外部世界的不确定性而否定人类社会发展的规律性，他从具体的不确定的经验情境出发，将实践诠释为具体的生活经验。因此，实际上是“经验”而非“实践”成了杜威哲学的基础和逻辑起点。尽管杜威改造了传统哲学的片面的经验概念，修正了詹姆士关于“意识流”的“纯粹经验”概念，把经验解释为主体与客体、有机体与环境的相互作用，但他在改造经验概念的同时也将经验概念绝对化了。从“全包性的整体性”的经验概念出发，杜威构建了他的具有形而上学色彩的“经验自然主义”。在颠覆传统形而上学体系的同时，他又以经验为基础建立了一种新的形而上学，这也表明杜威的哲学改造并不彻底。而且，把实践概念局限于个体的生活经验范畴，也导致了杜威哲学在认识论和价值论问题上的相对主义倾向。在认识论上，虽然坚持以人的行动为基础，但无论是知识的本质、认识的发展，还是真理的验证等都是以个体的价值评价为中心的。从个体价值评价来确证真理，也就否认了具有普遍意义的知识的存在。在价值问题上，尽管杜威彰显了行动在价值哲学中的重要地位，但他只注重具体行动的实际效果而忽视价值理想，从而反对存在人类共同的普遍价值与终极价值关怀。由此可见，虽然马克思哲学与杜威哲学都强调以实践来变革传统形而上学，但对实践本质的不同理解最终导致两者在哲学总体上的分歧。杜威的实用主义作为晚出的哲学，虽然力图实现对传统形而上学的批判和改造，但是由于他对人的行动、实践的理解缺乏科学性，使得这个任务并没有完成，也没有能超越马克思哲学在哲学史上所实现的哲学变革。

由此可见，尽管杜威批评康德哲学的“哥白尼革命”是“托勒密式的”，但他自己所称的“哥白尼式的革命”也同样不够彻底，未能超越马克思在之前所实现的哲学变革，而其他的现代西方哲学流派的实践转型或转向，都存在着一定程度的片面性和局限性，都只是对马克思哲学所开启的实践转向的不同诠释。因此，在我们看来，只有马克思哲学的实践变革才真正实现了西方哲学史上的“哥白尼革命”。

二 马克思实践哲学变革的当代意义

马克思哲学“仍然是我们时代的哲学”，具有不可超越的意义。在马克思之后，强调实践与行动的杜威哲学被人们视为西方现代实践哲学的典型代表。在传统理论哲学向现代实践哲学转型变革的背景下，对于马克思的哲学变革与杜威的哲学改造进行比较分析，进一步深化了我们对于马克思哲学变革的精神实质的理解，进一步凸显了马克思哲学变革的当代意义。

第一，马克思的实践哲学变革开启了现代西方哲学的思想主题。在《后形而上学思想》中，哈贝马斯把四种现代思想主题看作是现代哲学与传统哲学决裂的标志。在这四种思想主题中，“理论优于实践关系的颠倒——或者说是对逻各斯中心主义的克服”① 成为现代西方哲学最为显著的特征。马克思把实践“这种活动、这种连续不断的感性劳动和创造、这种生产”看作“整个现存的感性世界的基础”②，走出形而上学的思辨世界，实现了“理论优于实践关系的颠倒”。著名的存在主义哲学家海德格尔认为，正是马克思哲学的实践变革完成了“终结形而上学”的工作：“形而上学就是柏拉图主义。尼采把他自己的哲学标示为颠倒了的柏拉图主义。随着这一已经由卡尔·马克思完成了的对形而上学的颠倒，哲学达到了最极端的可能性。”③ 无论是西方马克思主义、以杜威为代表的实用主义，还是实证主义、分析哲学、现象学、存在主义、结构主义、文化批判、过程哲学以及后现代主义等其他哲学派别，都自觉不自觉地从不同视角诠释和延续着马克思所开启思想主题。正是在这种意义上，一些后现代主义哲学家认为，就颠覆传统形而上学、引领哲学的实践转向来说，马克思哲学是“不可超越的意义视界”④。

第二，马克思的实践哲学变革实现了哲学本质与功能的复归。在实践哲学变革中，马克思提出了“哲学的终结”。马克思所讲的“哲学的终结”实质上是指形而上学思辨理论体系的终结，并不是指真正的哲学的终结。“德国哲学从天国降到人间；和它完全相反，这里我们是从人间升到天国。”⑤ 马克思的哲学变革把哲学从“天国”拉回“人间”，强调哲学必须“从人间升到天国”，也就是说，哲学必须立足于人的生活世界，从人的社会历史实践活动出发。在这里，马克思指出，哲学必须在关注现实问题中出场，以体现出哲学是“时代精神

① 哈贝马斯：《后形而上学思想》，曹卫东、付德根译，译林出版社 2001 年版，第 6 页。

② 《马克思恩格斯选集》第 1 卷，人民出版社 1995 年版，第 77 页。

③ ［德］海德格尔：《面向思的事情》，陈小文、孙周兴译，商务印书馆 1999 年版，第 70 页。

④ 杨耕等：《马克思主义哲学研究》，人民大学出版社 2000 年版，第 42 页。

⑤ 《马克思恩格斯选集》第 1 卷，人民出版社 1995 年版，第 73 页。

的精华”的真正本质。马克思之后的西方哲学家，纷纷呼吁哲学必须关注“人的问题”，“回到‘哲学’一词的词源学本义”，成为“一种行动力量”①。在当今这个科学技术飞速进步、经济社会快速发展的时代，哲学更加需要关注时代的问题，发现问题、筛选问题、研究问题，帮助和指导人们认识世界和改造世界，只有这样，才能发挥出哲学应有的作用、实现哲学本质与功能的复归。正如习近平总书记在《哲学社会科学工作座谈会上的讲话》中所指出的，“我国哲学社会科学应该以我们正在做的事情为中心，从我们改革发展的实践中挖掘新材料、发现新问题、提出新观点、构建新理论”②。

第三，马克思的实践哲学变革凸显了整体性研究视域的当代价值。马克思的哲学变革，从社会实践活动这一核心范畴出发，立足于人类社会历史发展的整体来阐释实践的本质及其规律、阐释实践与认识的关系、实践与人的价值、实践与人的自由而全面发展等问题，论证了人类社会发展的规律和方向，把个人认识世界和改革世界的行动蕴含在人类社会发展的整体进程之中来进行考察。从本体论维度来看，马克思哲学通过考察现实的人类社会历史活动，把实践的本质界定为人类改造现实世界的对象化活动，进而揭示了人类社会实践活动的运行机制；从认识论维度来看，马克思哲学立足于社会历史发展规律，通过对实践批判与理论批判关系的阐释论证了理论与实践的辩证统一关系；从价值论维度来看，马克思哲学基于历史进步的宏观视角，指出了人类社会发展的价值目标及其实现条件。通过对马克思实践哲学与马克思之后的实践哲学比较分析，我们发现，尽管杜威的行动哲学等现代西方哲学都主张从实践和行动出发来认识和改造世界，但总体上来说，在一定程度上都存在着重微观而轻宏观的偏颇。重微观而轻宏观、重个体而轻整体是现代西方实践哲学研究的普遍现象。在当代实践哲学的发展和研究中，我们要防止强调微观而走向忽视宏观的极端，陷入重支节轻整体的误区，必须坚持宏观和微观相统一、

① ［美］苏珊·哈克：《意义、真理与行动——实用主义经典文选》，陈波、尚新建译，东方出版社 2007 年版，第 367 页。

② 习近平：《在哲学社会科学工作座谈会上的讲话》，《人民日报》2016 年 5 月 19 日第 2 版。

整体性和个体性相统一。

第二节 杜威哲学改造的成就及其当代启示

对传统哲学进行批判和改造，建立一种新哲学，这是美国实用主义运动的一个根本特征。哲学改造也成为杜威研究工作的核心问题和主要任务，哲学改造这一概念贯穿了杜威的整个思想历程。杜威的哲学改造主张放弃传统哲学的一切理论难题，转而关注社会批判，关注科学、民主、教育、道德等社会问题。尽管杜威的哲学改造也存在着一定的局限性，但在强调行动的价值、关注现实生活等方面也具有重要的启示和借鉴意义。

一 杜威行动哲学改造的成就与局限

在西方哲学史上，杜威是继康德之后再次明确提出要在哲学上实现“哥白尼式的革命”的哲学家。他坚决反对强调理论思辨的传统形而上学，主张哲学要转向现实生活和实践，抓住了“人的行动”这一中心环节，推进了哲学思想的改造和变革。在马克思实践哲学变革之后，杜威的哲学改造突出地体现了现代哲学对西方传统哲学的超越，具体表现在以下几个方面。

第一，对现实生活的强调。杜威哲学改造的主旨要让哲学从形而上学的理论思辨回归到现实生活。在《人的问题》一书的序言中，杜威曾大声疾呼，哲学研究的主题应该从“哲学家的问题”转变为“人的问题”。在杜威看来，传统哲学，尤其是自笛卡尔以来的近代哲学，把对现实生活世界背后永恒不变的绝对本体的追求当作哲学的根本任务，哲学家们忙于构建自己的形而上学理论体系而逐渐远离了人的现实生活。这样的后果是，哲学逐渐沦为一种对人类现实生活漠不关心的理智上的冗务，逐渐为一般民众所不信任，从而陷入危机之中。要摆脱哲学所面临的困境与危机，杜威认为必须对哲学进行改造。哲学的改造意味着哲学家们应该放弃对于那些他们从传统形而上学中继承下来的远离人的实际生活的抽象的问题的研究，转而关注人以及与人类社会相关的现实问题。杜威通过自己的实际行动来践行着他的哲学改造思想。他的哲学涉及了伦理、心理、教育、社会、经济、政治、宗教、艺术、文化、社会等与人类生活密切相关的广阔领域。同时，杜威不仅是一个哲学家，而且也是一个极具影响力的教育家和著名的社会活动家。他曾在芝加哥创办了一所附属于芝加哥大学的实验学校，以贯彻和实践他的教育哲学理念。他也曾先后出访到日本、中国、墨西哥、苏联等不同国家以考察这些国家的教育状况。正如美国哲学家伯恩斯坦（Richard Bernstein）所指出，“杜威的一生体现了思想与行动的一致；他的最深刻的思想信念是在对人的实际事务的经验中形成的。直到他生命的终结，他都追求着把智慧和理性运用于解决最严峻的社会问题”[①]。

第二，对科学实验方法的强调。现代科学的发展是杜威哲学改造的现实基础，主张以科学方法来改造传统哲学是杜威实践哲学最显著的特点。在杜威看来，哲学改造的实质就是把达尔文生物进化论等现代科学成果和方法应用到哲学中来，改造后的哲学的任务是进行试验和探究，以确定生活和行动的方法，从而取得有利于人生的实际效果。杜威把科学实验探究方法分为五个基本阶段，即一、“不确定的情境”；二、“问题的设立”；三、“问题解决方案的确定”；四、“推理”；五、“通过实际操作检验效果”，并主张将这种科学实验探究方法推广到社会生活的各个领域中去，使之成为一种普遍有用的行动方法。杜威的这种观点曾引起了学术界的广泛争论，因为没有明确的证据表明人们可以完全通过自然科学的方法来解决社会价值领域中所存在的一切问题。但是，我们应该注意到，布里奇曼操作主义的产生、波普尔科学发展的逻辑的提出，维纳的控制论、申农的信息论和贝塔朗菲的一般系统论的创立，人工智能的发展，泰勒的管理科学与西蒙的决策科学方法的发明，都与杜威的思维和行动的“五步法”有着内在的关联[②]。在杜威之后，随着科学技术的飞速发展和广泛应用，科学实验方法已经逐步走进了人类社会生活的价值道德领域，成为人们处理各种社会现实问题的一种重要方法。这说明杜威倡导的科学实

① 孙有中：《美国精神的象征》，上海人民出版社 2002 年版，第 10 页。

② 杨文极：《实用主义新论》，陕西人民教育出版社 1990 年版，第 17 页。

验方法对于具体社会生活问题的分析和处理确实具有一定的意义。

第三，以实践的观点和经验的方法来改造传统哲学，引起了哲学本体论、认识论、价值论等各个方面的一系列变革。在对实践本质的理解上，杜威没有像黑格尔那样在精神的范畴之内抽象地谈论实践，而是与马克思哲学相类似，把实践看作是与人的具体生活经验相同层次的概念。在杜威看来，实践不是詹姆士所说的那个只可意味而不可描述的“纯粹经验”，而是指人与环境之间的相互作用。在认识论上，杜威反对只是局限于理论范畴之内抽象地谈论知识或真理，为知识而知识、为真理而真理，而是以具体的生活情境为基础，在实践中动态地考察了知识的本质、认识的形成和发展以及真理的验证等认识论问题。在价值论方面，杜威坚持从行动后果来界说价值的本质，把价值同具体的生活情景相联系，通过对价值的客观基础的强调来拒斥传统哲学对于事实与价值的截然二分。

总的来说，杜威哲学始终关注的是处于现实生活中的人和现实的人所面临的生活问题。如何通过行动和实践来处理人与环境之间的关系，应付人生活中所面对的种种困惑和障碍，解决生活中的各种问题，这是杜威哲学关注的根本问题。提倡用科学的方法来改造哲学，让哲学关注“人的问题”，杜威的哲学改造确实在一定程度上是对现代西方实践哲学的丰富和发展。正因如此，杜威哲学常常被称为是关于人的实践哲学和行动哲学。

反对一切脱离实际的形而上学思辨，要求改造传统哲学而使哲学关注人的现实生活，杜威的哲学改造顺应了西方现代哲学实践变革的潮流，这也使得杜威能够与马克思共享实践哲学的基本立场。但是，与马克思实践哲学的变革相比，杜威的实用主义哲学及其哲学改造又存在着种种局限性。

首先，杜威对于传统形而上学改造得不够彻底。杜威试图通过对传统哲学的经验概念的改造，用经验的连续性原则来摆脱传统“二元论”哲学所导致的理论困境，从而一劳永逸地消除传统形而上学关于世界的本原是什么的本体论问题、关于思维能否认识外部世界的认识论问题等各种无谓的争论。但是，杜威在以经验的连续性原则来改造传统二元论哲学的同时，也顺便将经验的概念绝对化了。经验的概念在他这里被无限地放大，成为一个无所不包的绝对化概念。世界上的一切事物都在经验之中，这意味着经验就是世界的本原。杜威的哲学改造就是要反对形而上学，颠覆传统形而上学的理论体系，然而，由于杜威将经验理解为一种“全包性的整体性”，又将这种无所不包的“整体性的统一”作为自己哲学思想的起点，由此建立起自己的“自然主义形而上学”，从而使自己又陷入了传统形而上学的窠臼。

其次，杜威片面地夸大了生活世界的不确定性。为了反对西方形而上学传统对绝对确定性的追求，杜威从具体的生活经验情境出发，指出了生活世界的不确定性，但也片面地夸大了生活世界的不确定性方面。在他看来，人的生活环境是一个不断变化、充满不确定性的风险世界。因此，人生活在一个碰运气的世界，不仅人类的社会发展根本无固定的规律可遵循，而且能量守恒定律也只是假定在一定条件之下，把这些能力从任何一种形式转化为另外一种形式的一个公式[①]，只是一种假设。在这一问题上，杜威哲学与马克思哲学存在着明显的对立。马克思不仅明确指出“自然规律是根本不能取消的”[②]，而且指出了人类社会发展的规律性，认为人类社会的发展是合规律性与合目的性的统一。杜威由于否认自然界以及人类社会的内在规律性，从而也否定了人类社会以及人类行为既有确定性的一面又有不确定性的一面，即否定了人的实践活动是合规律性与合目的性的统一。这充分说明了杜威哲学的片面性和相对主义倾向。

最后，杜威对于实践和行动的理解始终未能超越个体的生活经验层面。由于否定了人所生活的外部世界和人类社会发展的规律性，所以杜威几乎都是在个体的生活经验层面上来谈论实践。这与马克思把实践的本质理解为人的社会性活动相比，存在着明显的差异。关于实践本质的不同理解导致杜威哲学与马克思哲学之间存在着一系列的本质区别。在认识论上，虽然也坚持以人的行动或实践为基础，但在杜威那里，无论是知识的本质、认识的发展，还是真理的验证等都是以个体的价值评价为中心的。在价值问题上，虽然也坚持从人的行动出

① ［美］杜威：《自由与文化》，傅统先译，商务印书馆 1964 年版，第 64 页。

② 《马克思恩格斯全集》第 32 卷，人民出版社 1975 年版，第 541 页。

发来理解价值，以行动来拒斥事实与价值二元划分的传统价值哲学教条，肯定了行动或实践在价值哲学中的基础地位，但杜威只注重具体行动的效果而忽视价值理想，从而否认存在着人类共同的普遍价值与终极价值关怀。

二 杜威行动哲学改造的借鉴与启示

杜威的哲学改造与马克思的哲学变革之间存在着本质区别，杜威的实用主义哲学也存在着种种局限性。但是，杜威的哲学改造及其对美国社会的深刻影响毕竟还是为人类留下许多颇具价值的思想。在马克思主义指导下，从本体论、认识论、价值论等不同视角来分析杜威的行动观，为我们在当代中国坚持并发展马克思主义实践哲学带来了一些新的思考与启示。

首先，尽管杜威为了反对西方形而上学传统对绝对确定性的追求，而片面地夸大了生活世界的不确定性方面，否定了人类社会发展的规律性，具有明显的相对主义倾向，但值得注意的是，杜威所特别强调的人类社会的不确定性以及人类行为的不确定性，在当代社会表现得尤为突出。随着科学技术的高速发展，社会的不确定性和风险性不断增加，风险事件不断发生。在当前这个科技高度发达的全球化时代，人类生活世界的确定性与风险性这一对矛盾体正向着风险性这一方面倾斜。如何认识和应对人类社会以及人类行为的风险性成为21世纪整个人类所面临的一道难题。从一定意义上来说，这也是马克思主义在当前这个新时代所必须面对的新课题。然而，综观国内学术界，关于人类实践活动的风险性以及人类社会的风险性的研究主要集中在风险投资，信贷风险等经济领域，而在经济之外的其他社会领域，则主要侧重于对科学技术本身的风险性分析，只有张哲①、庄友刚②等少数国内学者从哲学层面对人的实践活动以及人类社会的风险性进行过初步的探讨。因此，需要我们坚持以马克思主义理论为指

① 张哲：《风险哲学初探》，《武警工程学院学报》2000年第16期。

② 庄友刚：《跨越风险社会——风险社会的历史唯物主义研究》，人民出版社2008年版，第1—10页。

导，运用马克思主义基本原理，从哲学层面对社会风险的本质、社会风险的特征、社会风险的应对与规避以及实践活动的风险性等相关问题进行全面而深刻的反思和分析。这对于我国社会主义和谐社会的建构无疑具有重要的理论意义和实践价值。

其次，杜威否定了人的外部世界以及人类社会发展的规律性，局限于从个体的生活经验层面上来谈论实践，从而把人的实践归结为不断摸索前进的实验探究行为，同样具有很大的片面性。但杜威所提出的个体实验探究行动机制对于人们在具体行动中处理生活中的具体问题来说，还是具有一定合理性和借鉴意义。在国内马克思主义研究中，存在着这样一种习惯性思维，即只要一谈“个体实践”就马上将其与“个人主义”“主观主义”联系起来，似乎个体实践与社会实践之间是截然对立的。因此，很少有学者从马克思主义对个体实践活动进行研究。事实上，马克思一直就反对把个人和社会对立起来。他说：“因为人的本质是人的真正的社会联系，所以人在积极实现自己本质的过程中创造、生产人的社会联系、社会本质，而社会本质不是一种同单个人相对立的抽象的一般的力量，而是每一个单个人的本质，是他自己的活动，他自己的生活，他自己的享受，他自己的财富。因此，上面提到的真正的社会联系并不是由反思产生的，它是由于有了个人的需要和利己主义才出现的，也就是个人在积极实现其存在时的直接产物。”① 由此可见，马克思哲学也强调社会实践在其表现形式上是以个体的方式出现的，并把这种个体的实践活动视为个体与整个社会发展的根本联结点。但是，由于理论视角的局限，马克思侧重于从宏观上揭示人类社会的总体发展规律，而对于个体如何通过自己的行动参与到社会发展中去，从个体的实践活动发展到社会发展的整体实践的运行机制如何，他则很少进行过明确的阐述。因此，在马克思主义实践观的框架内推进关于个体形式的实践研究，探求从个体实践到社会发展实践的具体运行机理是当代中国化的马克思主义所面临的又一重要论题。

再次，从哲学改造到社会改造，其中关键在于教育改造，杜威的

---

① 《马克思恩格斯全集》第42卷，人民出版社1979年版，第24页。

教育改造思想对于当前我国教育领域改革特别是职业教育的改革同样具有一定的借鉴意义。杜威哲学改造的目的不是为了重建形而上学，而是要改造社会，就是要将实验科学的方法和结论应用到道德领域、社会领域解决“人的问题”，而实验科学方法应用的关键在教育的改造。杜威指出，受传统形而上学二元论思维方式的影响，教育领域存在着所谓的“自由教育”与“职业教育”截然二分的错误观念。从这种二元论的观点来看，“自由的”教育的对象是职业的“知识分子”，目的在于提高“知识分子”的“自由技艺”，与实用的目的没有关系；职业教育面对的对象是普通大众，这种教育不可能把普通大众的科学水平提高到“知识分子”的水平，教育的目的主要是教他们如何更加有成效地做一些有用的实际性的工作，或者说主要教授普通大众用以谋生的一些技术手段。于是，职业教育就降低为简单的技能教育培训，把职业教育和自由教育完全分开，职业教育只在那些传授专门技能的特殊学校中实施。这种教育的目标是为了青年学生的就业或谋生，在技术方面可能会很有成效，但是毕业的学生对于这种专业或者这些技能在社会生活中地位和作用可能不甚了解，对于运用这些专业技能的行动将产生的社会结果大多采取漠不关心的态度，从而丧失了对现实世界的人文关怀。另一方面，在“自由教育”理念的指导下，科学始终是外在于人类关怀的世界的，未能真正进入到人们生活的各个环节，所谓的“自由教育”把科学与人们的实际生活隔离开来。因此，杜威认为必须改造教育，“用一个自由的精神去鼓舞职业教育，并使其充满着一个自由的内容”①，把职业教育与在社会、道德、科学方面的教育有机地结合起来，以教育的改革和进步来推动社会的发展。当前，我国正在推动高等学校转型发展和职业教育改革，我们不能把职业教育降低为缺乏人文关怀的“职业培训”，从而把职业培训和自由教育完全分开。

最后，杜威强调哲学应该要关注人的现实生活，主张把科学实验和探究行动的方法运用到社会实践中去，处理各种各样的社会问题，以此来推动社会的进步与发展。从他的连续性原则来看，社会的进步

---

①［美］杜威：《人的问题》，傅统先、邱椿译，上海人民出版社2006年版，第24页。

与发展是一个动态的、渐进的、平和的进化过程。因此，“在政治上，杜威提倡的只是一点一滴的改良，而不是对社会进行大变更的革命”①。杜威的这种观点，在新文化运动中对于中国革命产生了非常消极的影响。他的学生胡适由于坚持社会改良主义而公开反对对当时军阀割据的半封建、半殖民地中国进行社会革命。但在90多年以后的今天，中国正走在和平崛起的发展道路上，建设社会主义和谐社会已成为我们的发展目标。社会现实的巨大变化也要求理论的与时俱进，这就需要马克思主义时代化和中国化。为此，在加强马克思主义自身研究外，既需要发掘中国优秀传统文化遗产，也应当批判地吸取国外的相关思想理论。从主张以实验探究方法来解决各种社会问题，推动社会平稳发展来看，杜威的实践哲学在西方现代哲学流派中表现尤为突出。当然，这也并不意味着可以把杜威的这种思想简单地移植到中国来。但是，在马克思主义指导下深入具体地研究杜威这些方面的理论，对我们中国相关理论问题的解决无疑具有重要的借鉴意义。

第三节 在开放与对话中不断增强理论自信

回顾历史我们发现，从20世纪初马克思主义哲学以及其他西方哲学传入中国的百年历程中，中国哲学、马克思主义哲学、西方哲学就一直在进行“对话”和“沟通”。进入21世纪以后，马克思哲学与西方哲学的“对话”和比较研究已经成为我国马克思主义哲学研究的新趋势和新特色。

在马克思哲学与西方哲学的对话研究中，马克思哲学与德国古典哲学，马克思哲学与海德格尔哲学、胡塞尔哲学、维特根斯坦哲学的关系等是相关研究的重点论题。重新审视马克思哲学与康德、黑格尔、费尔巴哈等德国古典哲学的关系有着重要意义，一方面，这种研究有助于我们进一步澄清马克思哲学与德国古典哲学之间的关系，帮助我们进一步深刻理解马克思哲学的本质，获得对马克思哲学革命实质的新认识；另一方面，在这种比较对话中，我们从德国古典哲学中

---

① 刘放桐：《杜威哲学及其在中国的影响》，《天津社会科学》2010年第2期。

发现、借鉴了新的思想资源，并且，以此“来推动我们的哲学观念变革，并使之成为推动中国人有尊严的幸福生活的思想力量”①。在马克思哲学与海德格尔哲学的比较对话中，研究者发掘了马克思哲学的“生存论”意义。他们指出，在西方哲学的发展历程中，“在突破形而上学方面，马克思和海德格尔可以说都达到了一种‘历史生存论’的境域。因而，他们就不是一种新形而上学来代替旧形而上学，而是完全消解了形而上学问题本身”②，马克思和海德格尔共同实现了哲学史上的“生存论”转向，甚至马克思先于海德格尔完成了这种转变。总的来说，在与西方哲学的对话研究中，马克思哲学的理论资源以一种内在的方式被激活，马克思哲学的当代意义被进一步发掘。

但是，马克思哲学与西方哲学的比较研究也遇到了一些质疑和挑战。不少学者指出，将马克思哲学与西方哲学进行对话“或多或少”地会以一些西方哲学的理论和概念来解读马克思主义。因此，这种对话研究存在着“以西解马”、消解马克思主义主体性和主导权的风险。他们担忧会“在西方的话语中消解马克思”③，担忧西方哲学会在马克思主义哲学界成为主导性话语，担忧“以西解马、无马不西”的解释框架会消解马克思主义哲学在意识形态领域的主导权、否定马克思主义中国化的成果及合法性④，担忧当代中国马克思主义哲学研究将消融于与其他各种哲学的“对话”和“互动”之中⑤。

毋庸置疑，这种担忧与提醒是非常有意义的，但是，我们也不能“因噎废食”。与各种哲学理论和思想资源的相互激荡、相互交锋，一直以来都是实现马克思主义创新和发展的重要途径。习近平总书记《在哲学社会科学工作座谈会上的讲话》中指出，“对人类创造的有益的理论观点和学术成果，我们应该吸收借鉴”，但“要有分析、有

① 贺来：《重思马克思哲学与德国古典哲学关系的真实意义》，《哲学动态》2013年第6期。

② 王金林：《世界历史意义的本质道说》，上海教育出版社2002年版，第199页。

③ 石云霞、陈曙光：《端正学风推进马克思主义大众化》，《中国特色社会主义研究》2009年第4期。

④ 汪信砚：《在新的复杂形势下牢固坚持马克思主义在意识形态领域的指导地位》，《理论月刊》2006年第1期。

⑤ 汪信砚：《当代中国马克思主义哲学的研究范式》，《中国社会科学》2008年第2期。

鉴别”①。在马克思主义哲学与西方哲学的对话研究中，我们既要坚持对话中马克思主义哲学的主体地位，又要保持一种平等开放的态度。

在平等、开放、包容的态势下，我们注重汲取现代西方哲学乃至整个西方文化的理论资源、借鉴现代西方哲学注重微观的研究方法，“专注于吸收和借鉴其中一切有价值的思想成分”，摒弃西方哲学与西方文化中拜金主义、功利主义、极端个人主义等理论糟粕。事实证明，积极开展与西方哲学之间的创新性对话，马克思哲学所蕴藏的划时代的革命意义得以充分的展示出来，积极开展与西方哲学之间的创新性对话，发展着的马克思主义哲学相对于西方现代哲学的优越性得到了充分揭示和正确认识，“由此从更高层次上坚定我们对发展着的马克思主义哲学的自信”，“由此也可以增进我们对以马克思主义哲学为根本理论依据的中国特色社会主义的‘三个自信’”②。

由此可见，我们应当继续坚持马克思哲学与西方哲学的对话、马克思哲学与中国哲学的对话，在开放、对话、融通中增强理论自信，重建中国精神，构建具有中国特色、中国风格、中国气派的当代哲学形态，构建中华民族的共有精神家园。

---

① 习近平：《在哲学社会科学工作座谈会上的讲话》，《人民日报》2016 年 5 月 19 日第 2 版。

② 刘放桐：《从马克思主义哲学对现代西方哲学的比较研究增进对中国特色社会主义的“三个自信”》，《中国浦东干部学院学报》2016 年第 3 期。

附　　录

公开发表的相关论文

[1]《行动、探究与知识——论杜威对传统知识论的改造》，《长沙大学学报》2016 年第 4 期。

[2]《科学与人文的融合——论科学与杜威的哲学改造》，《科技管理研究》2015 年第 14 期（CSSCI 源刊，《新华文摘》2015 年第 20 期收录）。

[3]《马克思实践概念诠释的多重维度》，《湖南社会科学》2014 年第 6 期（CSSCI 源刊）。

[4]《实践标准论与价值评价中心论的根本对立——毛泽东知行观与杜威知行观之比较》，《河南社会科学》2011 年第 3 期（CSSCI 源刊）。

[5]《马克思实践概念与杜威行动概念之比较》，《马克思主义与现实》2011 年第 2 期（CSSCI 源刊）。

[6]《论杜威的科学划界观》，《科技管理研究》2009 年第 8 期（CSSCI 源刊）。

[7]《中国马克思学：马克思哲学研究范式的回归与创新》，《学术论坛》2009 年第 8 期（CSSCI 源刊）。

[8]《价值视域中的科学划界问题》，《科技管理研究》2009 年第 7 期（CSSCI 源刊）。

主要参考文献

一　中文参考文献

[1]《马克思恩格斯全集》第1卷，人民出版社1956年版。
[2]《马克思恩格斯全集》第2卷，人民出版社1957年版。
[3]《马克思恩格斯全集》第3卷，人民出版社1960年版。
[4]《马克思恩格斯全集》第19卷，人民出版社1963年版。
[5]《马克思恩格斯全集》第20卷，人民出版社1973年版。
[6]《马克思恩格斯全集》第27卷，人民出版社1972年版。
[7]《马克思恩格斯全集》第31卷，人民出版社1972年版。
[8]《马克思恩格斯全集》第32卷，人民出版社1975年版。
[9]《马克思恩格斯全集》第39卷，人民出版社1974年版。
[10]《马克思恩格斯全集》第40卷，人民出版社1982年版。
[11]《马克思恩格斯全集》第42卷，人民出版社1979年版。
[12]《马克思恩格斯选集》第1—4卷，人民出版社1995年版。
[13]《列宁选集》第1—4卷，人民出版社1995年版。
[14]《毛泽东选集》第1卷，人民出版社1991年版。
[15]［美］杜威：《哲学的改造》，许崇清译，商务印书馆2004年版。
[16]［美］杜威：《确定性的寻求》，傅统先译，上海人民出版社2004年版。
[17]［美］杜威：《人的问题》，傅统先、邱椿译，上海人民出版社2006年版。
[18]［美］杜威：《经验与自然》，傅统先译，江苏教育出版社2005年版。
[19]［美］杜威：《自由与文化》，傅统先译，商务印书馆1964年版。

[20] [美] 杜威：《新旧个人主义——杜威文选》，孙有中等译，上海社会科学院出版社 1997 年版。

[21] [美] 杜威：《评价理论》，冯平等译，上海译文出版社 2007 年版。

[22] [美] 杜威：《杜威五大讲演》，胡适口译，安徽教育出版社 2005 年版。

[23]《杜威全集》早期著作第 1—5 卷，华东师范大学出版社 2010 年版。

[24]《杜威全集》中期著作第 1—15 卷，华东师范大学出版社 2012 年版。

[25]《杜威全集》晚期著作第 1—17 卷，华东师范大学出版社 2015 年版。

[26] [美] 苏珊·哈克：《意义、真理与行动——实用主义经典文选》，陈波、尚新建译，东方出版社 2007 年版。

[27] 赵祥麟、王承绪编译：《杜威教育论著选》，华东师范大学出版社 1981 年版。

[28] [美] 塔里斯：《杜威》，彭国华译，中华书局 2002 年版。

[29] 俞吾金主编：《杜威、实用主义与现代哲学》，人民出版社 2007 年版。

[30] [美] 詹姆士：《彻底的经验主义》，庞景仁译，上海人民出版社 1965 年版。

[31] [美] 理查德·罗蒂：《实用主义哲学》，林南译，上海译文出版社 2009 年版。

[32] [美] 悉尼·胡克：《理性、社会神话和民主》，金克、徐崇温译，上海人民出版社 2006 年版。

[33] [美] 萨特康普、海尔曼：《罗蒂和实用主义》，张国清译，商务印书馆 2003 年版。

[34] [美] 理查德·罗蒂著：《哲学和自然之镜》，李幼蒸译，商务印书馆 2004 年版。

[35] [德] 海德格尔：《路标》，孙周兴译，商务印书馆 2000 年版。

[36] [美] 罗蒂：《后哲学文化》，黄勇译，上海译文出版社 1992 年版。

[37] 靳希平：《亚里士多德传》，河北人民出版社 1997 年版。

[38] 苗力田主编：《亚里士多德全集》第 7 卷，中国人民大学出版社 1993 年版。
[39] [法] 笛卡尔：《第一哲学沉思集》，庞景仁译，商务印书馆 2007 年版。
[40] [德] 黑格尔：《哲学史讲演录》第 4 卷，贺麟、王太庆译，商务印书馆 1978 年版。
[41] [美] 布鲁斯·昂：《形而上学》，田园等译，中国人民大学出版社 2005 年版。
[42] [德] 康德：《实践理性批判》，邓晓芒译，人民出版社 2003 年版。
[43] [英] 罗素：《人类的知识》，张金言译，商务印书馆 1982 年版。
[44] [德] 黑格尔：《历史哲学》，王造时译，上海书店出版社 2001 年版。
[45] [德] 黑格尔：《自然哲学》，梁志学等译，商务印书馆 1980 年版。
[46] [德] 哈贝马斯：《交往与社会进化》，张博树译，重庆出版社 1993 年版。
[47] [英] 维特根斯坦：《哲学研究》，汤潮、范光棣译，三联书店 1992 年版。
[48] [德] 海德格尔：《存在与时间》，陈嘉映、王庆节译，三联书店 1999 年版。
[49] 洪谦主编：《现代西方资产阶级哲学论著选辑》，商务印书馆 1964 年版。
[50]《费尔巴哈哲学著作选集》（上卷），荣震华等译，商务印书馆 1984 年版。
[51] [德] 海德格尔：《面向思的事情》，陈小文、孙周兴译，商务印书馆 1999 年版。
[52] [美] 詹明信：《晚期资本主义的文化逻辑》，张旭东编、陈清桥等译，三联书店 1997 年版。
[53] [德] 哈贝马斯：《交往行动理论——行动的合理性和社会合理化》，洪佩郁、蔺青译，重庆出版社 1994 年版。
[54] 哲学研究编辑部编：《资产阶级哲学资料选辑》第十一辑，上

海人民出版社 1965 年版。
[55] 哲学研究编辑部编：《资产阶级哲学资料选辑》第八辑，上海人民出版社 1966 年版。
[56] 陈启伟主编：《现代西方哲学论著选读》，北京大学出版社 1992 年版。
[57] 胡适：《胡适文存》第 1 集，黄山书社 1996 年版。
[58] 瞿秋白：《瞿秋白文集·政治理论编》第 2 卷，人民出版社 1988 年版。
[59] 瞿菊农：《现代哲学思潮纲要》，中华书局 1934 年版。
[60] 刘琅：《精读金岳霖》，鹭江出版社 2007 年版。
[61] 陈元晖：《现代资产阶级的实用主义哲学》，上海人民出版社 1963 年版。
[62] [美] 汉娜·阿伦特：《人的条件》，竺乾威等译，上海人民出版社 1999 年版。
[63] [英] 安东尼·吉登斯：《民族—国家与暴力》，胡宗泽等译，三联书店 1998 年版。
[64] [美] 赫伯特·西蒙：《管理行为》，詹正茂译，机械工业出版社 2004 年版。
[65] [古希腊] 亚里士多德：《尼各马科伦理学》，苗力田译，中国人民大学出版社 2003 年版。
[66] 苗力田主编：《亚里士多德全集》第 8 卷，中国人民大学出版社 1994 年版。
[67] [德] 康德：《判断力批判》上册，宗白华译，商务印书馆 1964 年版。
[68] 中国社会科学院哲学研究所西方哲学史研究室编：《国外黑格尔哲学新论》，中国社会科学出版社 1982 年版。
[69] [德] 黑格尔：《精神现象学》上卷，贺麟、王玖兴译，商务印书馆 1979 年版。
[70] [德] 黑格尔：《逻辑学》下卷，杨一之译，商务印书馆 1976 年版。
[71] [德] 黑格尔：《法哲学原理》，范扬、张企泰译，商务印书馆

1982 年版。
[72] [德] 马克斯·韦伯：《经济与社会》上卷，林荣远译，商务印书馆 1997 年版。
[73] [古希腊] 亚里士多德：《形而上学》，吴寿彭译，商务印书馆 1983 年版。
[74] [英] 乔治·摩尔：《伦理学原理》，长河译，上海人民出版社 2005 年版。
[75] [英] 休谟：《人性论》下册，关文运译，商务印书馆 1980 年版。
[76] [美] 普特南：《事实与价值二分法的崩溃》，应奇译，东方出版社 2006 年版。
[77] 江怡：《西方哲学史》第八卷，凤凰出版社、江苏人民出版社 2005 年版。
[78] 赵敦华：《西方哲学简史》，北京大学出版社 2001 年版。
[79] 江畅：《现代西方价值理论研究》，陕西师范大学出版社 1992 年版。
[80] 李德顺：《价值论——一种主体性的研究》，中国人民大学出版社 2013 年版。
[81] 王南湜、谢永康：《后主体性哲学的视域：马克思唯物主义的当代阐释》，中国人民大学出版社 2004 年版。
[82] 高清海等：《人的“类生命”与“类哲学”：走向未来的当代哲学精神》，吉林人民出版社 1998 年版。
[83] 崔唯航：《马克思哲学革命的存在论阐释》，中国社会科学出版社 2005 年版。
[84] 曾志：《西方哲学导论》，中国人民大学出版社 2001 年版。
[85] 俞吾金：《实践诠释学：重新解读马克思哲学与一般哲学理论》，云南人民出版社 2001 年版。
[86] 刘放桐：《重新评价实用主义》，载《现代外国哲学第 10 辑》，人民出版社 1987 年版。
[87] 邹铁军：《实用主义大师——杜威》，吉林教育出版社 1990 年版。
[88] 王元明：《行动与效果：美国实用主义研究》，中国社会科学出版社 1998 年版。

[89] 杨文极：《实用主义新论》，陕西人民教育出版社 1990 年版。
[90] 余泽娜：《经验、行动与效果的彰显：杜威价值论研究》，广东人民出版社 2013 年版。
[91] 田光远：《科学与人的问题——论约翰·杜威的科学观及其意义》，复旦大学出版社 2006 年版。
[92] 孙有中：《美国精神的象征》，上海人民出版社 2002 年版。
[93] 张宝贵编：《杜威在中国》，江西高校出版社 2009 年版。
[94] 肖前等：《实践唯物主义研究》，中国人民大学出版社 1996 年版。
[95] 吴畏：《实践合理性》，广西人民出版社 2003 年版。
[96] 欧阳康、张明仓：《在观念激荡与现实变革之间：马克思实践观的当代阐释》，中国人民大学出版社 2008 年版。
[97] 张汝伦：《历史与实践》，上海人民出版社 1995 年版。
[98] 俞吾金：《实践与自由》，武汉大学出版社 2010 年版。
[99] 刘放桐：《马克思主义哲学与现代西方哲学研究》，北京师范大学出版社 2012 年版。
[100] 俞吾金：《重新理解马克思——对马克思哲学的基础理论和当代意义的反思》，北京师范大学出版社 2013 年版。
[101] 吴晓明：《深入时代的深处——马克思哲学与当代世界》，北京师范大学出版社 2006 年版。
[102] 孙伟平：《事实与价值：休谟问题及其解决尝试》，中国社会科学出版社 2000 年版。
[103] 杨耕等：《马克思主义哲学研究》，人民大学出版社 2000 年版。
[104] 庄友刚：《跨越风险社会——风险社会的历史唯物主义研究》，人民出版社 2008 年版。
[105] 王金林：《世界历史意义的本质道说》，上海教育出版社 2002 年版。
[106] 欧阳康、张明仓：《实践唯物主义的萌芽：黑格尔实践观及其意义》，《江海学刊》2008 年第 5 期。
[107] 冯平：《杜威价值哲学之要义》，《哲学研究》2006 年第 12 期。
[108] 徐学福：《杜威与施瓦布的科学本质观与科学教育观比较》，

《外国教育研究》2004 年第 7 期。
[109] C. 莫里斯、孙思:《美国哲学中的实用主义运动》,《世界哲学》2003 年第 5 期。
[110] 吴猛:《杜威“经验”概念与马克思“实践”概念之比较》,《江苏行政学院学报》2009 年第 4 期。
[111] 张汝伦:《马克思的哲学观和“哲学的终结”》,《中国社会科学》2003 年第 4 期。
[112] 赵凯荣、张剑伟:《劳动价值论与马克思主义实践本体论问题》,《哲学动态》2008 年第 2 期。
[113] 王南湜、谢永康:《实践概念与马克思主义哲学的创新》,《吉林大学社会科学学报》2004 年第 9 期。
[114] 邹诗鹏:《走向实践观的深层》,《哲学动态》1996 年第 3 期。
[115] 俞吾金:《本体论视野中的当代中国马克思主义哲学》,《复旦学报》(社会科学版) 2006 年第 5 期。
[116] 贺来:《实践与人的现实生命——对“生存论本体论”的一点辩护》,《学术研究》2004 年第 11 期。
[117] 高飞乐:《马克思实践学说的价值论意蕴》,《东南学术》2000 年第 2 期。
[118] 徐长福:《马克思的实践首先是一个价值本体概念》,《哲学动态》2003 年第 6 期。
[119] 任嵦:《马克思实践观的人文意蕴》,《哲学动态》2005 年第 8 期。
[120] 王仕民:《简论马克思的实践范畴》,《哲学研究》2008 年第 7 期。
[121] 贾英健:《马克思实践哲学的变革进路及价值特质》,《广东社会科学》2008 年第 6 期。
[122] 高建平:《经验与实践:兼论杜威美学和美学中的实践观》,《民族艺术研究》2004 年第 6 期。
[123] 陈秀兰:《杜威经验教育观之实践蕴涵》,《高教发展与评估》2007 年第 3 期。
[124] 贾媛媛:《古典实用主义的实践哲学》,《江海学刊》2008 年

第 3 期。

[125] 罗绍贤：《马克思主义实践观和实用主义实践观的本质区别》，《理论探索》1991 年第 2 期。

[126] 司汉武、崔巧玲：《工具、价值与实用主义——兼论实用主义与马克思主义的实践观分野》，《延安大学学报》（社会科学版）2000 年第 2 期。

[127] 张艳玲：《划清马克思主义哲学与实用主义哲学的界限》，《高校理论战线》2001 年第 4 期。

[128] 刘放桐：《杜威哲学的现代意义》，《复旦学报》（社会科学版）2005 年第 5 期。

[129] 李文阁：《生成性思维：现代哲学的思维方式》，《中国社会科学》2000 年第 6 期。

[130] 王南湜、谢永康：《论实践作为哲学的理论意蕴》，《学术月刊》2005 年第 12 期。

[131] 杨学功：《超越哲学同质性神话——从哲学形态转变的视角看马克思的哲学革命》，《复旦学报》（社会科学版）2005 年第 2 期。

[132] 杨寿堪：《杜威反传统的经验自然主义哲学》，《人文杂志》2003 年第 5 期。

[133] 窦新元：《杜威形而上学的经验自然主义》，《学术研究》2004 年第 12 期。

[134] 周书俊：《马克思对黑格尔二元论的克服与新世界观的创立》，《哲学研究》2009 年第 2 期。

[135] 徐长福：《论亚里士多德的实践概念》，《吉林大学社会科学学报》2004 年第 1 期。

[136] 俞吾金：《一个被遮蔽了的“康德问题”——康德对“两种实践”的区分及其当代意义》，《复旦学报》（社会科学版）2003 年第 1 期。

[137] 孙伟平：《作为价值哲学的马克思哲学》，《学术研究》2007 年第 1 期。

[138] 郝晓光：《对所谓普遍价值概念定义的否证》，《光明日报》1987 年 1 月 5 日。

[139] 郁建兴：《关于马克思价值概念的商榷》，《哲学研究》1996年第8期。

[140] 张哲：《风险哲学初探》，《武警工程学院学报》2000年第16期。

[141] 刘放桐：《杜威哲学及其在中国的影响》，《天津社会科学》2010年第2期。

[142] 姚新立、车玉玲：《对话范式：中国当代马克思主义研究的重要方法》，《教学与研究》2012年第11期。

[143] 张有奎：《马克思哲学变革的精神实质及其当代意义》，《厦门大学学报》（哲学社会科学版）2012年第2期。

[144] 石云霞、陈曙光：《端正学风推进马克思主义大众化》，《中国特色社会主义研究》2009年第4期。

[145] 汪信砚：《在新的复杂形势下牢固坚持马克思主义在意识形态领域的指导地位》，《理论月刊》2006年第1期。

[146] 汪信砚：《当代中国马克思主义哲学的研究范式》，《中国社会科学》2008年第2期。

[147] 贺来：《重思马克思哲学与德国古典哲学关系的真实意义》，《哲学动态》2013年第6期。

[148] 刘放桐：《从马克思主义哲学对现代西方哲学的比较研究增进对中国特色社会主义的“三个自信”》，《中国浦东干部学院学报》2016年第3期。

[149] 宇海金：《马克思主义与实用主义实效观比较研究》，硕士学位论文，中共四川省委党校，2004年。

[150] 徐积平：《实用主义与实践唯物主义》，博士学位论文，苏州大学，2005年。

[151] 李卓：《海德格尔实践哲学思想研究》，博士学位论文，黑龙江大学，2010年。

[152] 张建云：《马克思“价值”范畴的深层解读》，《马克思主义研究》2016年第9期。

[153] ［德］康德：《纯粹理性批判》，邓晓芒译，人民出版社2004年版。

[154] 杨寿堪、王成兵：《实用主义在中国》，首都师范大学出版社 2001 年版。
[155] 王成兵：《一位真正的美国哲学家：美国学者论杜威》，中国社会科学出版社 2007 年版。
[156] 丁立群等：《实践哲学：传统与超越》，北京师范大学出版社 2012 年版。
[157] [匈] 卢卡奇：《历史和阶级意识——马克思主义辩证法研究》，张西平译，重庆出版社 1989 年版。
[158] [德] 胡塞尔：《欧洲科学的危机与超越论的现象学》，王炳文译，商务印书馆 2008 年版。
[159] 马俊峰：《马克思主义价值理论研究》，北京师范大学出版社 2012 年版。
[160] 吴晓明、陈立新：《马克思主义本体论研究》，北京师范大学出版社 2012 年版。
[161] 江畅：《现代西方价值哲学》，湖北人民出版社 2003 年版。
[162] 童世骏：《中国应创造性地借鉴西方经验——访美国哲学家理查德·伯恩斯坦教授》，《文汇报》2002 年 6 月 18 日。
[163] 徐长福：《走向实践智慧——探寻实践哲学的新进路》，社会科学文献出版社 2008 年版。
[164] [意] 葛兰西：《实践哲学》，徐崇温译，重庆出版社 1990 年版。
[165] 邢冬梅、陈晓刚：《科学哲学的“实践转向”》，《江海学刊》2016 年第 1 期。
[166] 刘大椿：《科学哲学通论》，中国人民大学出版社 1998 年版。
[167] 涂纪亮：《从古典实用主义到新实用主义》，人民出版社 2006 年版。
[168] [苏] 图加林诺夫：《马克思主义中的价值论》，中国人民大学出版社 1989 年版。
[169] 张书琛：《西方价值哲学思想简史》，当代中国出版社 1998 年版。
[170] 孙伟平：《价值论转向——现代哲学的困境与出路》，安徽人

民出版社 2008 年版。
[171] 王玉樑：《追寻价值——重读杜威》，四川人民出版社 1997 年版。
[172] 冯平：《评价论》，东方出版社 1995 年版。
[173] 万俊人：《现代西方伦理学史》下卷，北京大学出版社 1992 年版。
[174] [美] 哈利·威尔斯：《实用主义——帝国主义的哲学》，葛力等译，三联书店 1955 年版。
[175] [苏] 康·梅里维尔：《美国的实用主义》，郭力军译，上海人民出版社 1958 年版。
[176] [德] 伽达默尔：《真理与方法》上，洪汉鼎译，上海译文出版社 1992 年版。
[177] [美] 詹姆斯·坎贝尔：《理解杜威——自然与协作的智慧》，杨柳新译，北京大学出版社 2010 年版。
[178] [美] 拉里·希克曼：《阅读杜威：为后现代做的阐释》，徐陶等译，北京大学出版社 2010 年版。
[179] 刘放桐：《实用主义述评》，天津人民出版社 1983 年版。
[180] 刘放桐：《探索、沟通和超越：现代西方哲学与马克思主义哲学比较研究》，北京师范大学出版社 2010 年版。
[181] 刘放桐：《再论杜威在哲学上的“哥白尼式的革命”》，《学术月刊》2015 年第 5 期。
[182] 刘放桐：《再论重新评价实用主义——兼论杜威哲学与马克思哲学的同一和差异》，《天津社会科学》2014 年第 2 期。
[183] 刘放桐：《杜威在西方哲学上的“哥白尼式的革命”——与康德和马克思的比较》，《河北学刊》2014 年第 3 期。
[184] 刘华初：《杜威的经验自然主义》，博士学位论文，复旦大学，2010 年。
[185] 元青：《杜威与中国》，人民出版社 2001 年版。
[186] 涂纪亮：《美国哲学史》，河北教育出版社 2000 年版。
[187] [英] 梯利：《西方哲学史》，商务印书馆 1999 年版。
[188] [美] 宾客莱：《理想的冲突——西方社会中变化着的价值观

念》，商务印书馆 1994 年版。
[189] 洪谦主编：《西方现代资产阶级哲学论著选辑》，商务印书馆 1964 年版。
[190] 肖前：《马克思主义哲学原理》，中国人民大学出版社 1994 年版。

二　外文参考文献

[1] John Dewey, *The Early Works of John Dewey*, 5Vols, Edited by Jo Ann Boydston, Carbondale: Southern Illinois University Press, 1969.
[2] John Dewey, *The Middle Works of John Dewey*, 15Vols, Edited by Jo Ann Boydston, Carbondale: Southern Illinois University Press, 1976 – 1983.
[3] John Dewey, *The Later Works of John Dewey*, 17Vols, Edited by Jo Ann Boydston, Carbondale: Southern Illinois University Press, 1981 – 1990.
[4] John Dewey, *How we think*, Boston: D. C. Heath, 1910.
[5] John Dewey, *The Influence of Darwin on Philosophy and Other Essays in Contemporary Thought*, New York: Henry Holt and Co. , 1910.
[6] John Dewey, *Reconstruction in Philosophy*, New York: Holt and Co. , 1920.
[7] John Dewey, *The Quest for Certainty: A Study of the Relation of Knowledge and Action*, New York: Minton, Balch, 1929.
[8] John Dewey, *Logic, The Theory of Inquiry*, New York: Holt and Co. , 1938.
[9] John Dewey, *Freedom and Culture*, New York: G. P. Putnam's Sons, 1939.
[10] John Dewey, “Science as Subject – Matter and as Method” *Science, New Series*, Vol. 31, No. 787, Jan 1910.
[11] John Dewey, *Essays in Experimental Logic*, Chicago: University of Chicago Press, 1916.
[12] John Dewey, “The Democratic Faith and Education” *The Antioch*

Review, Vol. 4, No. 2, Summer 1944.

[13] Richard Bernstein, *John Dewey*, California: Ridgeview Publishing Company, 1966.

[14] George Dykhuizen, *The Life and Mind of John Dewey*, Illinois: Southern Illinois University Press, 1973.

[15] Salvatore D'Urso, "Can Dewey Be Marx's Educational – Philosophical Representative?" *Educational Philosophy and Theory*, Vol. 12, No. 2, 1980.

[16] J. E. Tiles, *John Dewey: Political theory and social practice*, London: Routledge, 1992.

[17] Fred Greenbaum, "John Dewey Views Karl Marx" *Social Science*, Vol. 42, No. 4, Oct 1967.

[18] Steve Shuklian, "Marx, Dewey, and the instrumentalist approach to political economy" *Journal of Economic Issues*, Vol. 29, No. 3, Sep 1995.

[19] Nicholas Capaldi, "Hook, Dewey, and Marx" *The Journal of Philosophy*, Vol. 87, No. 10, Oct 1990.

[20] Jonathan D. Moreno and R. Scott Frey, "Dewey's Critique of Marxism" *The Sociological Quarterly*, Vol. 26, No. 1, Spring 1985.

[21] Bertrand Russell, *The Basic Writings of Bertrand Russell*, London: Routledge, 2001.

[22] Thomas M. Jeannot, "A Marx/Dewey Dialogue on the Prospects for an American Socialism" *International Journal of Social Economics*, Vol. 21, Iss: 10, Jan 1994.

[23] Fred Harris, "Dewey's Materialist Philosophy of Education: A Resource for Critical Pedagogues?" *The European Legacy*, Vol. 11, No. 3, June 2006.

[24] Pogrebinschi Thamy, *Ordinary Democracy: Marx and Dewey on the Political Subject*, Conference: American Political Science Association 2007 Annual Meeting, Jan 2007.

[25] Jim Cork, "John Dewey, Karl Marx and Democratic Socialism" *Anti-*

och Review, Vol. 9, No. 4, Winter 1949.

[26] John Ryder, "Community, Struggle and Democracy: Marxism and Pragmatism" *Studies in Soviet Thought*, Vol. 27, No. 1, Feb 1984.

[27] Ryan Alan, *John Dewey and the High Tide of American Liberalism*, New York: W. W. Norton, 1995.

[28] William Gavin, ed. *Context over Foundation: Dewey and Marx*, Dordrecht: D. Reidel Publishing Company, 1988.

[29] Min, Pyong Gap, "A Comparison of Marx's and Dewey's Reactions to Industrialization" *Educational Theory*, Vol. 29, No. 1, Jan 1979.

[30] Yordanka Valkanova, "The Passion for Educating the 'New Man': Debates about Preschooling in Soviet Russia, 1917 – 1925" *History of Education Quarterly*, Vol. 49, No. 2, May 2009.

[31] William Gavin, "Some Marxist interpretations of James'pragmatism: A summary and reply" *Studies in Soviet Thought*, Vol. 29, No. 4, May 1985.

[32] William Gavin, "Dewey, Marx, and James' 'Will to Believe'" *Studies in East European Thought*, Vol. 28, No. 1, July 1984.

[33] William Gavin, "The importance of context: Reflections on Kuhn, Marx, and Dewey" *Studies in East European Thought*, Vol. 21, No. 1, Feb 1980.

[34] Gael Graham, "John Dewey in China: To Teach and to Learn by Jessica Ching – Sze Wang" *History of Education Quarterly*, Vol. 49, No. 2, May 2009.

[35] John R. Shook, *Dewey's Empirical Theory of Knowledge and Reality*, Nashville: Vanderbilt University Press, 2000.

[36] James Campbell, *Understanding John Dewey*, Illinois: Open Court, 1995.

[37] Joan Huber Rytina and Charles P. Loomis, "Marxist Dialectic and Pragmatism: Power as Knowledge" *American Sociological Review*, Vol. 35, No. 2, Apr 1970.

[38] Hickman, ed. *Reading Dewey: Interpretations for a Postmodern Gen-*

eration, Indiana: Indiana University Press, 1998.

[39] Bertrand Russell, *New Hopes for A Changing World*, London: G. Allen & Unwin, 1951.

[40] Charles Morris, *The Pragmatic Movement in American Philosophy*, New York: George Braziller, 1970.

[41] Michael Eldridge, *Transforming Experience: John Dewey's Cultural Instrumentalism*, Nashville: Vanderbilt University Press, 1998.

[42] George Novack, *An Appraisal of John Dewey's Philosophy: Pragmatism Versus Marxism*, New York: Pathfinder Press, 1975.

[43] Alfonso J. Damico, "Dewey and Marx: On Partisanship and the Reconstruction of Sciety" *American Political Science Review*, Vol. 75, No. 3, Sep 1981.

后　　记

我对于杜威哲学的关注开始于 2006 年，至今整整十年。改革开放以来，我国学者开始运用马克思主义的基本观点重新研究实用主义和其他西方思潮。2004 年，复旦大学的“杜威和美国哲学研究中心”成立以后，关于杜威思想文化理论的研究再次引起了我国学术界的高度重视和广泛关注。在我的硕士生导师欧庭高教授的指导下，我开始阅读杜威的哲学论著，最早开始关注的是杜威的科学哲学思想。在关于科学本质的论述中，杜威对实证主义科学与价值无涉、真理与价值二分的观点进行了激烈的批判，主张对于科学真理性的检验必须诉诸人的实践和行动，必须根据理论指导人的行动的效果和价值来进行判断。杜威对于实证主义的理论与实践、真理与价值二元对立的批判，很容易就把我的研究思路带入关于杜威哲学与马克思哲学的比较视域中来，因为马克思哲学一再强调：“人的思维是否具有客观的［gegenständliche］真理性，这不是一个理论的问题，而是一个实践的问题。人应该在实践中证明自己思维的真理性。”于是，一系列的问题引发了我进一步的思考研究和兴趣：马克思哲学主张在实践中检验人的思维的真理性，杜威哲学强调以行动为中心、强调以行动的效果来验证认识的真理性，两种哲学关于真理以及真理的验证方面是否完全一致？杜威哲学中的实践、行动、经验、生活等概念与马克思哲学中的实践概念是否一致，有何异同？杜威哲学坚决反对传统形而上学的纯粹理性思辨，试图在哲学领域开展一场“哥白尼式的革命”，而马克思的实践哲学革命一直被学界视为西方哲学史上具有划时代意义的一场深刻变革，那么，两种哲学革命是否相同、各自的价值指向又是否一致？……带着这样一些问题，在我的博士生导师龙佳解教授的鼓励和指导下，我选择将“马克思实践观与杜威实践观比较研究”作为我的博士学位论文题目，“马克思哲学与杜威哲学的比较研究”逐渐成为我相对集中和稳定的研究方向。

学术研究的过程，充满了艰辛与无奈，但更多的是收获与喜悦。2013 年，在博士毕业一年多以后，我的博士论文被评为湖南大学优秀博士学位论文；同年，我申报的项目“实践哲学新诠释：马克思实践观与杜威行动观之多维比较研究”获教育部人文社会科学研究项目立项资助。

本书正是我所主持的教育部人文社会科学研究项目的最终成果。在项目的研究过程中，得到了我的硕士生导师欧庭高教授和博士生导师龙佳解教授一如既往的教导和扶持。多年来，他们不仅在学习上给予了我耐心的指导和帮助，而且在生活中也给了我无微不至的关心和照顾。两位老师为人正直、宽厚待人、学识渊博、治学严谨、不断敦促我在学术的道路上奋力前行。同时，在本书的写作过程中，得到了湖南大学的柳礼泉教授、沈其新教授、彭福扬教授、龙献忠教授，长沙学院薛其林教授的热心指导。中南大学曾长秋教授、湖南师范大学王泽应教授两位知名专家学者，在本书的选题和构思方面提出了诸多富有启发性的中肯意见。湖南大学阳桂红副教授、尹世尤副教授、刘红玉副教授，南方医科大学邓学源副教授，中南林业科技大学黄艳副教授也给予了我许多启迪和帮助。本书的出版还得到了长沙学院优秀学术著作出版专项资金的资助。在这里，谨向给予我支持、鼓励和帮助的师长、同学致以崇高的敬意和由衷的感谢！

蒋晓东
2016 年 9 月 28 日